0~36 개월

DEP

조기중재 교육과정

7 기본생활

서소정 · 장혜성 · 하지영 공저

학지사

본 DEP 조기중재 교육과정은
경기도장애인종합복지관의 연구비 지원을 받아 간행되었습니다.

저자서문

장애위험 영아를 조기에 선별하는 것과, 또 장애진단을 받은 영아의 발달수준을 정확하게 파악하여 적기에 중재교육을 제공하는 것은 매우 중요한 일입니다. 그러나 현재 우리나라에서 장애위험 영아를 선별(screen) 및 평가(assess)하기 위해 사용하고 있는 대부분의 도구는 아쉽게도 외국에서 개발한 것을 그대로 번역한 경우가 많습니다. 아울러 장애위험 영아와 장애영아를 위한 조기중재 교육과정 또한 외국 프로그램을 번역한 후 일부 내용만 수정 · 보완한 것을 사용하고 있는 실정입니다. 이에 우리나라 영아에게 적합한 선별 · 교육진단 도구의 개발 및 이와 연계한 통합적 조기중재 교육과정 개발이 절실하였습니다.

본 DEP 조기중재 교육과정은 2006~2007년도 2년(Phase I)간에 걸쳐 이루어진 '영아선별 · 교육진단검사의 개발' 연구와 연계하여, 단순히 영아의 현행 발달수준을 선별 또는 평가하는 것에서 나아가 선별결과에 기초해 보다 효과적인 조기중재로 이어질 수 있도록 이후 2008~2009년도 2년(Phase II)간, 총 4년이라는 긴 연구기간을 거쳐 완성된 것입니다.

본 DEP 조기중재 교육과정은 출생에서 36개월까지를 총 8개 월령단계로 구분하여 발달의 제 영역에 관련된 교육내용을 담았으며, 크게 다음과 같이 세 가지 차원의 개발목적을 설정하였습니다. 첫째, 장애위험 영아의 객관적이고 정확한 선별검사를 통한 결과에 기초하여 통합적이고 총체적인 발달적 지원을 제공함으로써 이후 이들이 심각한 장애로 이어질 수 있는 가능성을 줄이고자 합니다. 둘째, 이미 장애진단을 받은 영아를 위해 보다 체계적이고 효과적인 조기중재 지원을 제공하고자 합니다. 즉, DEP 조기중재 교육과정은 장애영아와 장애위험 영아가 취약한 부분인 영역의 발달을 촉진할 수 있는 구체적 지침을 제공하고 있습니다. 셋째, DEP 선별검사 결과에 기초하여 영아교육 및 보육 현장과 가정에서 일반 개별 영아의 개인 내 발달영역의 강점 및 약점을 파악함으로써 보다 효과적으로 지원하고자 합니다.

본 DEP 조기중재 교육과정 개발절차는 다음과 같습니다. 1, 2차년도 영아선별 · 교육진단검사(DEP) 개발의 후속작업으로 3차년도에는 영아선별 · 교육진단검사(DEP)와 동일한 6개 영역, 344개 문항에 대해 교육과정 프로그램을 개발하였습니다. 그 후 영유아발달 및 장애영아 특수교육 관련 전문가로부터 교육과정 전반에 관한 내용타당도를 검증받았습니다. 4차년도에는 장애진단을 받지는 않았지만 장애로 발전할 위험이 있는 영아와 이미 장애진단을 받은 영아를 대상으로 하여 어린이집과 장애인복지관 담당 교사가 16주간에 걸쳐 중재 교육프로그램을 실시함으로써 DEP 조기중재 교육과정의 효과성을 검증하고, 또 수정 · 보완할 내용에 대한 자문을 하였습니다. 또한 지체장애, 청각장애, 시각장애 전문가 및 영아발달 전문가로부터 교육과정 전반에 관한 자문을 두 차례 추가로 받은 후 최종 보완하여 완성하였습니다.

본 DEP 조기중재 교육과정은 총 7권으로 매뉴얼, 대근육 운동기술, 소근육 운동기술, 의사소통, 사회정서, 인지, 기본생활 편으로 구성되어 있습니다. 그리고 전체적인 DEP 조기중재 교육과정은 목표행동 성취의 중요성, 자료, 목표행동 성취를 위한 단계적 지도과정, 일상생활에서의 지도과정, 고려사항, 목표행동 성취 기준에 관한 내용으로 구성되어 있습니다.

본 DEP 조기중재 교육과정이 개발될 수 있도록 그동안 자문을 해 주신 여러 전문가 명단(가나다순)은 다음과 같습니다. 강주희(한빛맹학교 특수교사), 김미숙(양천장애인복지관 특수교사), 김미정(다운복지관 물리치료사), 김상진(전 서울장애인복지관 작업치료사), 김수경(곡교어린이집 언어치료사), 김영란(이화여자대학교 언어병

리학 박사과정), 김은혜(강동구보육정보센터 장애아통합 순회자문교사), 김진희(강남구립 청담어린이집 교사), 명경미(한국우진학교 특수교사), 민정화(강남구보육정보센터 보육전문요원), 박경아(서울농학교 특수교사), 송영희(양천장애인복지관 특수교사), 신세희(국방부청사어린이집 교사), 안미영(강남구립 청수어린이집 교사), 유미희(다운복지관 특수교사), 이소영(이화여자대학교 특수교육과 박사과정), 이하나(강남구립 청담어린이집 교사), 전미선(강남구립 청담어린이집 교사), 정수진(군포시립 고은어린이집 교사), 정은진(한빛맹학교 특수교사), 조은숙(동광어린이집 교사), 차은정(동대문구립 이문어린이집 교사), 최은정(명장어린이집 교사), 최한나(동대문구립 이문어린이집 교사), 탁은정(한국사회서비스관리원), 황지영(강남구보육정보센터 보육전문요원) 님께 지면을 빌려 다시 한 번 감사드립니다.

마지막으로 본 검사도구 및 교육과정 개발을 위해 4년 동안 꾸준하게 연구지원을 해 주신 경기도장애인종합복지관에 깊은 감사를 드립니다. 지난 4년간 경기도장애인종합복지관의 전폭적인 지원이 없었다면 DEP 검사도구 개발은 물론 이와 연계한 교육과정 개발은 불가능했을 것입니다. DEP 조기중재 교육과정이 현장 교사와 부모에게 영아의 현행 발달수준을 손쉽게 파악하도록 도와주고, 또 개별 영아에게 적절한 조기중재 프로그램을 지원할 수 있는 기초 자료로서 유용하게 활용될 수 있기를 기대합니다.

2010년 6월

저자 일동

후·원·의·글

예방적 복지를 향한 시금석이 되기를

지난 2006년 '영아선별 · 교육진단검사의 개발 및 연구'를 시작한 이후 벌써 4년이 지났습니다. 이 연구는 영아선별 · 교육진단검사(DEP)와 검사 후 조기중재 교육과정을 연계하여서 지도하기 위한 DEP 조기중재 교육과정의 개발을 가능하게 했습니다. DEP는 발달이 지체되거나 어려움을 겪는 영아를 조기 선별하여 적절한 시기에 조기개입하여 발달을 지원할 수 있다는 측면에서 커다란 의의가 있습니다.

국내에는 장애위험 영아와 장애영아를 위한 조기중재 교육과정이나 이와 관련한 진단검사도구가 전무한 실정이어서 그동안 외국에서 개발된 도구를 사용할 수밖에 없었고, 이에 따라 한국의 사회-문화적 특성이나 욕구를 반영하지 못하는 한계가 있었습니다. 이렇게 장애영아에 대한 조기 선별이나 교육진단검사의 부재는 우리에게 너무나도 절박한 과제였습니다. 이에 저희 복지관 내에 다양한 연구과제 가운데 특별히 DEP 개발에 관한 제안서에 적극적으로 공감하여 지원을 결정하였고 이제 오랜 산고 끝에 한국형 DEP를 개발함으로써 결실을 맺게 되었습니다.

장애영아의 발달 문제는 조기 선별하고, 조기 개입과 지원을 통하여 예방하고 최소화할 수 있습니다. 한국형 DEP는 0~36개월의 영아의 다양한 움직임과 발달상태를 관찰, 평가함으로써 영아가 적절한 발달과정을 밟고 있는지, 아니면 발달이 지체되는지 등 장애 진행 여부를 평가하고 선별해 낼 수 있는 유용한 진단검사

도구입니다. 또한 같은 연령대의 영아에 비해 어느 정도 발달이 늦는지 측정이 가능하고 담당 교사나 치료사, 부모 모두에게 좋은 길잡이가 되는 진단검사도구가 될 것입니다. 나아가 영아의 발달지체를 조기에 발견하고 조기 개입 및 지원하는 것은 아동발달의 촉진만이 아니라 가족 구성원의 이해와 성장에도 많은 도움이 될 것입니다.

DEP 조기중재 교육과정을 통하여 장애 조기 발견과 개입, 지원 프로그램의 개발과 실행이 이루어져 우리 사회의 장애인 복지 증진과 발전에 조금이나마 보탬이 되었으면 합니다. 또한 DEP가 장애영아를 가진 부모님과 장애인복지관, 영유아 장애인 생활시설, 그리고 특수학교 등에서 적극적으로 활용됨으로써 더욱 적절한 개입프로그램의 개발과 참여로 예방적 복지 실현의 시금석이 되기를 바랍니다.

마지막으로 인내를 가지고 꾸준하게 DEP 조기중재 교육과정 개발을 위해 애쓰신 가톨릭대학교 특수교육과 장혜성 교수님, 경희대학교 생활과학대학 아동가족학과 서소정 교수님, 그리고 경희대학교 대학원 하지영 선생님께 거듭 감사의 마음을 전합니다. 아울러 이 책이 출판될 수 있도록 기꺼이 도움을 주신 학지사 김진환 사장님과 편집부 여러분에게도 감사를 드립니다.

2010년 6월

경기도장애인종합복지관장 최영

일러두기

◆ 부모는 DEP 검사(장혜성, 서소정, 하지영, 2008)를 통한 교육과정 지도 시 우선적인 목표행동을 찾기 어려울 수 있으므로, 목표행동을 선정할 때 반드시 전문가의 도움을 받아야 합니다.

◆ 부모가 본 교육과정을 사용할 경우에는 전문가의 도움을 받는 것이 좋습니다. 'DEP 조기중재 교육과정'은 개별 영아의 요구에 적합한 지원을 제공하기 위해서 교사나 부모가 쉽게 영아를 지도할 수 있도록 구성하였습니다.

◆ 영아발달은 6개 영역(대근육 운동기술, 소근육 운동기술, 의사소통, 사회정서, 인지, 기본생활)이 별개로 발달하는 것이 아닙니다. 따라서 영아의 특성과 각 영역별 항목의 연계를 고려하여 6개 영역의 교육과정을 함께 지도할 수 있도록 계획하는 것이 효과적입니다.

◆ 장애영아의 경우 한 가지 목표행동을 성취하는 데 시간이 많이 걸리고, 6개 영역의 발달이 고르지 않을 수 있습니다. 따라서 너무 서두르지 말고 지속적으로 지도하는 것이 필요합니다.

◆ 장애 특성에 따라 특히 성취되기 어려운 항목이 있습니다. 그런 경우에는 영아 스스로 목표행동을 이루는 데 필요한 과정과 연관된 활동/행동을 했을 때, 그 순간을 놓치지 않고 언어적 칭찬과 비언어적 칭찬(예: 웃어 주기, 머리 쓰다듬기)을 동시에 해 줍니다.

◆ 목표행동 성취를 위해서는 영아의 눈높이에 맞추어 자세를 낮추거나 신체적 접촉행동을 제공하고, 목표행동 성취를 위한 구체적 모델링 보여 주기 등을 실시합니다.

◆ 교육은 교육대상 영아가 졸린 상태이거나, 수유/이유식을 한 직후이거나, 낮잠에

서 깬 직후 등은 피하고 영아가 보다 활발하고 적극적으로 활동에 참여할 수 있는 최적의 시간을 선정하여 진행합니다.

- '목표행동 성취를 위한 단계적 지도과정'을 통해서 목표행동의 습득이 가능해지면 자연환경인 교육기관 또는 가정의 다양한 상황에서 연계하여 지도합니다. 교육활동 내용을 직접적으로 가르치려고 하거나 억지로 하지 말고 가능하면 일과 내에서 자연스럽게 지도합니다.
- 시각장애, 청각장애, 지체장애 영아의 경우는 '고려사항'을 참고하여 특히 주의하여 지도합니다.
- 한 가지 활동 안에서 가능한 한 여러 영역의 목표를 골고루 달성할 수 있는 방식으로 활동을 전개하면 좋습니다. 예를 들어, 부드러운 반투명 젤리를 사용하여 젤리의 촉감을 느끼게 함으로써 소근육 운동기술을, 젤리를 만져 본 느낌에 대해 이야기를 나눔으로써 의사소통기술을, 주양육자와 즐겁게 활동함으로써 사회정서 발달을, 먹는 젤리를 눈에 비춰 보아 색이 다르게 보이는 것을 관찰하고 먹지 못하는 다른 놀잇감을 비교하는 활동을 제시함으로써 인지발달을 지도합니다.
- 영아는 주양육자와 함께 일상생활 속에서 자연스러운 놀이활동에 참여함으로써 다양한 기술을 연습해 보는 기회를 가져야 합니다.
- 교육대상자인 영아의 흥미와 요구가 무엇인지 살펴 영아가 좋아하는 놀잇감이나 활동을 활용하여 지도할 때에 효과적인 교육이 가능합니다.
- 필요한 활동자료(예: 관련 놀잇감)를 제시할 때, 영아가 방해받지 않고 자신이 바라는 대로, 자신의 속도에 맞추어 활동자료를 충분히 탐색할 수 있도록 합니다.

차 · 례

01 월령: 0~3개월

1. 목표행동

우유병이나 엄마의 젖꼭지를 부드럽게 빤다.

◎ 목표행동 성취의 중요성

출생 직후 영아는 입에 닿는 것은 무엇이나 빨려고 하는 '빨기 반사'를 보이는데, 이는 보통 생후 2~4개월 정도 되면 사라지며, 대신 자발적으로 빨기를 하게 된다. 영아가 우유병이나 엄마의 젖을 자발적으로 빨기 위해서는 입과 혀의 근육을 조절하는 능력이 있어야 가능하며, 음식을 빨아서 들이키고 삼키는 것은 이후 영아가 다양한 음식을 먹을 수 있게 되는 기초가 된다. 또한 수유를 통해 영아와 양육자가 정서적인 유대를 형성할 수 있다.

◎ 자료

우유병

◎ 목표행동 성취를 위한 단계적 지도과정

step 1 주양육자는 영아를 비스듬하게 안고 젖꼭지를 입에 물린다.

step 2 주양육자는 엄지를 이용하여 영아의 볼 앞쪽에서 뒤쪽으로 가볍게 마사지해 준다.

step 3 주양육자는 영아의 턱 아래에서 목 아래쪽으로 부드럽게 문질러 삼키는 것을 도와준다.

step 4 주양육자는 영아가 우유 또는 모유를 다 먹고 난 다음 한두 번 트림을 시킨다. 영아를 주양육자의 어깨에 기대어 안고 영아의 등을 위에서 아래쪽으로 문질러 영아가 쉽게 트림을 하도록 도와준다.

◎ 일상생활에서의 지도과정

주양육자는 영아를 안고 수유를 하는 동안 영아와 눈을 마주치고 부드러운 목소리로 이야기하여 영아가 편안한 분위기에서 우유 또는 모유를 빨 수 있게 배려한다.

◎ 고려사항

우유병의 젖꼭지 구멍 크기가 적절한지 살펴보아야 한다. 보통 이 시기에는 1분에 20방울 정도 떨어지는 것이 적절하며, 우유병인 경우 병을 너무 세우지 않도록 한다.

모유를 먹일 경우에는 엄마의 젖가슴이 영아의 코를 막지 않도록 한다. 수유가 어려운 영아는 위의 일반적인 지도과정을 적용하기보다는 작업치료사와 같은 전문가의 섭식지도를 받도록 한다.

시각장애 영아의 경우는 수유하는 동안 영아가 편안한 분위기에서 모유 또는 우유를 빨아들일 수 있도록 신체 접촉을 해 준다.

◎ 목표행동 성취기준

수유를 하는 동안 영아가 젖꼭지를 규칙적으로 몇 번 빨고 난 후 삼키고 그다음 잠시 쉬는 과정을 하루 일과 중 최소 5회 이상 보인다.

2. 목표행동

단단한 음식이 입안에 들어갔을 때 거부하는 반응을 보이고 혀를 쑥 내민다.

◎ 목표행동 성취의 중요성

이 시기의 영아는 아직 치아가 나지 않았을 뿐 아니라 음식을 씹는 동작을 할 수 없으므로 단단한 음식을 먹게 되면 질식 위험이 있다. 그러므로 영아가 단단한 음식을 거부하는 것은 생존과도 관련된 중요한 능력이다. 보통 4~8개월경에 이가 나기 시작하고, 씹는 동작을 할 수 있게 되므로 적어도 이 시기 이후에 단단한 음식을 주도록 한다.

◎ 자료

단단한 음식(예: 비스킷, 크래커)

◎ 목표행동 성취를 위한 단계적 지도과정

step 1 주양육자는 비스킷과 같은 단단한 음식을 영아의 입술에 갖다 댄다.

step 2 영아가 아무런 반응을 보이지 않거나 단단한 음식을 입에 넣으려고 하면 주양육자는 비스킷을 제거한다.

step 3 영아에게 단단한 음식을 주어도 입을 벌리지 않을 때까지 여러 번 반복하여, 단단한 음식을 주었을 때 거부하는지 살펴본다.

◎ 고려사항

영아가 혼자 있을 때 비스킷이나 크래커와 같은 단단한 음식이나 입에 넣을 수 있을 만한 작은 물건을 옆에 두지 않는다.

생후 6개월 이하 영아의 경우 음식을 주었을 때 빈번하게 구토하거나 입안에 들어간 음식에 대해 거부하는 행동을 거의 보이지 않는다면, 구강 예민도에 관한 전문가(예: 작업치료사)와의 상담이 필요하다.

◎ 목표행동 성취기준

주양육자가 영아의 입에 단단한 음식을 넣으려고 할 때, 영아가 고개를 돌려 음식을 피하거나 혀를 쑥 내미는 행동을 10회 시도 중 최소 8회 이상 보인다.

3. 목표행동

한 손을 입에 갖다 대기 시작한다.

◎ 목표행동 성취의 중요성

이 시기의 영아는 입(구강)에 대한 자극을 즐기고, 입을 통해 탐색하게 된다. 자신의 신체 중 일부인 손가락을 통해 입에 대한 자극을 즐기고 탐색하는 것은 이후 영아가 세상을 탐색하기 위한 기초가 되므로 매우 중요하다.

◦ 자료

없음

◦ 목표행동 성취를 위한 단계적 지도과정

step 1 주양육자는 영아를 바닥에 바로 눕히거나, 비스듬하게 안은 자세에서 "아~" 하고 말하면서 영아의 한 손을 자기 입에 넣어 준다.

step 2 주양육자는 영아의 한쪽 팔목이나 팔꿈치를 잡고 자연스럽게 손이 입 근처로 가도록 해 주는 연습을 반복한다.

◦ 일상생활에서의 지도과정

식사 시간에 영아의 손가락에 모유 또는 우유를 묻혀 빨아먹게 한다.

◦ 고려사항

영아의 근육이 경직되어 있는 정도에 따라 주양육자의 도움을 조절한다. 예를 들어, 근육이 더 많이 경직된 영아에게는 주양육자가 더 많은 힘을 주어 도와주어야 한다.

뇌성마비 영아의 경우는 심리적인 안정감을 가진 후에 편안한 자세에서 시도하도록 한다.

◦ 목표행동 성취기준

영아가 자신의 입에 자극을 주고 탐색하기 위한 목적으로 한 손을 입 근처로 가져가는 행동을 하루 일과 중 최소 5회 이상 보인다.

4. 목표행동

우유병이나 엄마의 젖가슴을 보면 반응을 보인다.

◎ 목표행동 성취의 중요성

영아에게 수유하기 위해 우유병을 가져가거나 엄마의 젖가슴을 보여 주었을 때, 영아가 우유병이나 엄마의 젖가슴을 향해 고개를 돌리거나 손을 뻗거나 옹알이를 하는 것은 수유를 한다는 것을 예측하고 이에 대해 적절히 반응하여 준비하는 것으로 볼 수 있다. 영아는 이와 같이 주위의 시각적 자극을 통해 인지적 도식(우유병이 보이면 우유를 먹게 된다는 것을 아는 것)을 형성하게 되므로 이러한 행동은 인지적 측면에서 정보처리 기술의 발달에도 영향을 미친다.

◎ 자료

우유병

◦ 목표행동 성취를 위한 단계적 지도과정

step 1 영아에게 우유 또는 모유를 먹이기 전에 우유병이나 엄마의 젖가슴을 볼 수 있게 한다.

step 2 주양육자는 "맘마 먹을까?" 와 같은 언어적 자극을 주어 영아의 주의를 집중시킨다.

step 3 주양육자는 영아에게 천천히 젖꼭지를 물려준다.

step 4 영아가 우유병을 잡을 수 있게 해 준 다음, 우유병을 입에서 조금 떼면, 영아가 우유병을 향해 손을 뻗는지 본다.

step 5 만약 손을 뻗지 않는다면, 주양육자가 영아의 손을 잡고 우유병을 향해 손을 뻗도록 도와준다.

◦ 일상생활에서의 지도과정

우유를 먹는 영아의 경우, 주양육자가 분유를 타는 과정을 영아가 볼 수 있게 하면 도움이 된다.

영아에게 수유할 때마다 우유병이나 엄마의 젖가슴을 보여 주는 시각적 자극과 "맘마 먹을까?" 와 같은 언어적 자극을 주는 과정을 반복한다.

◦ 고려사항

불수의형 뇌성마비 영아의 경우는 사물을 보기 위해 움직일 때 얼굴과 팔다리에서 불수의적인 움직임이 나타날 수 있으므로 영아의 움직임을 최소화하기 위해 영아의 정면에서 자극을 주도록 한다.

청각장애 영아의 경우는 주양육자가 "맘마 먹을까?" 와 같은 언어적 자극과 함께 우유병을 가리키거나 엄마의 젖가슴을 보여 주며, 입술을 오므려 "쪽쪽쪽" 소리를 내며 빠는 동작을 함께 해 주도록 한다.

시각장애 영아의 경우는 주양육자가 말을 해 주면서 우유병을 흔들어 소리를 들려주거나, 영아가 우유병 또는 엄마의 젖가슴을 만져 보게 한다. 시각장애 영아뿐 만 아니라 일반적으로 영아는 시각 자극보다 청각 자극에 먼저 반응하는 경향이 있으므로 소리를 함께 들려주도록 한다.

◎ 목표행동 성취기준

영아는 우유병이나 엄마의 젖가슴을 보면 그쪽을 향해 고개를 돌리거나 손을 뻗거나 옹알이를 하는 등 자신에게 우유가 제공될 것을 예측하는 반응행동을 10회 시도 중 최소 8회 이상 보인다.

5. 목표행동

기저귀를 갈거나 목욕을 시킬 때 처음에는 긴장된 반응을 보이나 점차 편안해한다.

◎ 목표행동 성취의 중요성

기저귀를 갈거나 목욕을 시키는 등의 일상활동은 영아에게 훈련시키기보다 주양육자가 일관된 환경을 제공함으로써 영아가 일상에서 자주 일어나는 일을 예측하고 그에 적응할 수 있도록 해 주어야 한다. 이러한 일상활동의 일관된 제공은 영아의 정서발달에도 중요한 영향을 미친다.

◎ 자료

없음

◎ 목표행동 성취를 위한 단계적 지도과정

step 1 기저귀를 갈 때, 주양육자는 영아에게 기저귀를 보여 주면 영아가 어떠한 반응을 보이는지 살펴본다.

step 2 주양육자는 영아가 다음에 어떤 일이 일어날지 예측하는지 관찰해 본다. 예를 들어, 기저귀를 보고 울음을 멈추거나 주양육자와 눈을 마주치며 좋아하는지 본다.

step 3 영아가 울음을 멈추지 않거나 기저귀를 보고 울기 시작한다면, 주양육자는 영아를 가볍게 안아서 진정시키거나, 영아가 좋아하는 물건(예: 딸랑이, 담요)을 손에 쥐어 주어 안정감을 느낄 수 있도록 한다.

step 4 기저귀를 갈기 전에 주양육자는 "○○, 쉬했네." 하며 새 기저귀를 보여 주어서 영아가 기저귀를 갈아야 한다는 것을 예측할 수 있도록 한다.

step 5 기저귀를 갈 때 주양육자는 "○○야, 기저귀 갈자! 뽀송뽀송 깨끗해요." 하고 반복해서 말해 주어 영아가 일련의 과정을 예상하고 편안한 마음으로 임할 수 있도록 한다.

step 6 위와 같은 과정을 통해 영아가 기저귀를 가는 시간을 스스로 편안하게 느낄 수 있도록 한다.

◎ 일상생활에서의 지도과정

목욕 시간에 영아가 목욕물이 흐르는 소리를 듣고 좋아하는지 살펴본다.

주양육자는 기저귀를 가는 시간이나 목욕 시간, 식사 시간, 취침 시간 등 일상적인 활동이 규칙적으로 이루어지도록 계획한다.

◎ 고려사항

청각장애 영아의 경우는 "○○야, 아유 축축해. 쉬했네!" 하며 영아가 기저귀를 만져 보게 하거나, 주양육자가 냄새를 맡은 후 코를 쥐고 손을 내저으며 냄새가 난다는 동작을 함으로써 영아가 기저귀를 갈아야 할 때임을 알게 한다.

시각장애 영아의 경우는 기저귀를 갈거나 목욕을 시킬 때 영아가 편안함을 느낄 수 있도록 부드러운 목소리로 이야기하며 마사지 등의 신체 접촉을 해 주는 것이 좋다.

◎ 목표행동 성취기준

영아는 규칙적으로 기저귀를 갈거나 목욕을 시켜 주었을 때 주양육자를 보고 웃거나 좋아하는 반응을 10회 시도 중 최소 8회 이상 보인다.

6. 목표행동

부드러운 음식을 삼킨다.

◦ 목표행동 성취의 중요성

출생 직후 보이던 빨고 삼키는 반사는 생후 2개월경이면 사라지며, 대신 이 시기부터 영아는 자발적으로 삼킬 수 있게 된다. 부드러운 음식을 삼킬 수 있게 되면서 영아는 이후 다양한 질감의 음식을 먹을 수 있는 준비를 하게 된다.

◦ 자료

영아용 유동식(예: 사과즙, 배즙, 미음, 스프 등의 건더기가 없는 액체 상태의 음식), 작은 숟가락

◦ 목표행동 성취를 위한 단계적 지도과정

step 1 주양육자는 영아를 똑바로 세워 안는다.

step 2 주양육자는 유동식을 숟가락으로 떠서 영아의 혀 중앙에 음식을 놓는다.

step 3 영아가 입을 잘 벌리지 않으면 주양육자는 엄지손가락으로 영아의 아랫입술을 아래로 부드럽게 눌러 준다.

step 4 영아의 입안에 음식을 놓았을 때 영아가 삼키지 않으면 주양육자는 숟가락으로 혀의 3~4군데를 눌러 주어 영아의 혀를 수축시켜 영아가 쉽게 삼키도록 해 준다.

step 5 주양육자는 영아의 턱 아래에서 목 아래쪽으로 부드럽게 문질러 주어 영아가 음식을 삼키도록 도와준다.

step 6 주양육자는 영아가 음식을 삼킬 때까지 기다렸다가 다시 음식을 준다.

◎ 일상생활에서의 지도과정

영아에게 부드러운 음식을 처음 먹일 때는 찻숟가락으로 1숟가락 정도만 소량씩 주다가 점차 양을 늘려 5숟가락 정도까지 증가시킨다.

새로운 음식을 추가할 때는 적어도 4~5일 간격을 두어, 이 동안에 특정 음식에 대한 설사나 발진 같은 이상 증상이 없는지 살펴본다.

식사 시간에 주양육자가 영아에게 음식을 삼키는 시범을 보여 줄 수 있다. 이때 주양육자는 입을 "아~" 하고 벌리면서 "음, 맛있다. 꿀꺽!" 하고 말하며 무엇인가를 삼키는 시늉을 한다.

◎ 고려사항

영아가 똑바로 앉은 자세에서 음식을 주어 질식 위험을 막는다.

영아의 입안에 음식이 있으면 다음 음식을 주어도 입을 열지 않기 때문에 영아가 삼킬 때까지 기다린다.

뇌성마비 영아의 경우는 침을 지나치게 많이 흘려 음식을 삼키는 데 어려움이 있을 수 있는데 이때는 영아의 상체를 뒤로 약간만 젖혀 음식이 기도로 넘어가지 않도록 주의한다.

시각장애 영아의 경우는 숟가락이 닿을 때 숟가락을 단단한 질감의 음식물이라 생각해 입을 다물거나 거부할 수 있으니 유의한다.

◎ 목표행동 성취기준

영아는 주양육자가 숟가락으로 유동식을 떠서 먹여 주면, 유동식을 입에 넣고 삼키는 행동을 10회 시도 중 최소 8회 이상 할 수 있다.

02 월령: 4~6개월

1. 목표행동

우유나 젖을 먹을 때 우유병이나 엄마의 젖가슴에 손을 대고 만지작거린다.

◎ 목표행동 성취의 중요성

수유를 할 때 엄마와 신체 접촉을 하는 것은 영아가 편안하고 안정된 분위기에서 우유 또는 모유를 먹을 수 있게 해 주며, 이는 엄마와 애착을 형성하는 데 도움이 된다.

◎ 자료

우유병

◎ 목표행동 성취를 위한 단계적 지도과정

step 1 주양육자는 영아에게 우유 또는 모유를 먹이기 전에 영아가 우유병이나 엄마의 젖가슴을 볼 수 있게 한다.

step 2 주양육자는 "○○야, 맘마 먹을까?" 와 같이 언어적 자극을 주어 영아의 주의를 집중시킨다.

step 3 주양육자는 영아에게 천천히 젖꼭지를 물린다.

step 4 주양육자는 영아가 편안하게 우유병을 잡거나 엄마의 젖가슴을 만지도록 영아의 손을 감싸 잡고 우유병이나 엄마의 젖가슴에 놓아 준다.

step 5 주양육자는 천천히 손을 떼어 영아가 우유병이나 엄마의 젖가슴에 손을 계속 대고 있는지 살펴본다.

step 6 위의 과정을 연습하여 영아가 익숙해지면 주양육자는 우유병이나 엄마의 젖가슴을 영아의 손이 닿을 수 있는 정도의 거리에 두고 영아가 손을 뻗어 잡을 때까지 기다린다.

◎ 일상생활에서의 지도과정

우유를 먹는 영아의 경우, 주양육자가 분유를 타는 과정을 영아가 볼 수 있게 하면 우유 먹는 시간이라는 것을 영아가 예측하도록 하는 데 도움이 된다.

영아에게 수유할 때마다 우유병이나 엄마의 젖가슴을 보여 주는 시각적 자극과 "맘마 먹을까?" 와 같은 언어적 자극을 주는 과정을 반복한다.

◎ 고려사항

뇌성마비 영아의 경우는 불수의적인 움직임으로 인해 엄마의 젖가슴이나 우유병을 만지는 데 어려움이 있으므로 주양육자가 영아의 손을 잡고 더 많은 연습을 하도록 한다.

시각장애 영아의 경우는 주양육자가 말을 해 주면서 우유병을 흔들어 소리를 들려주거나, 영아가 우유병 또는 엄마의 젖가슴을 만져 보게 한다. 또한 먼저 주양육자가 영아의 손을 잡고 우유병이나 엄마의 젖가슴을 만지게 한 다음 살짝 떼고 영아가 다시 손을 뻗을 때까지 기다린다.

◦ 목표행동 성취기준

영아는 수유 시 우유병이나 엄마의 젖가슴에 손을 대고 만지작거리며 수유시간을 편안해하는 행동을 10회 중 최소 8회 이상 보인다.

2. 목표행동

양손을 같이 입에 갖다 댄다.

◦ 목표행동 성취의 중요성

이 시기의 영아는 입(구강)에 대한 자극을 즐기고 입을 통해 탐색하게 된다. 자신의 신체 중 일부인 손가락을 통해 입에 대한 자극을 즐기고 탐색하는 것은 이후 영아가 세상을 탐색하기 위한 기초가 되므로 중요하다.

◦ 자료

없음

◦ 목표행동 성취를 위한 단계적 지도과정

- **step 1** 주양육자는 영아를 바닥에 바로 눕히거나, 비스듬하게 안은 자세에서 "아~" 하고 말하면서 영아의 양손을 자기 입에 넣어 준다.
- **step 2** 주양육자는 영아의 양쪽 팔목이나 팔꿈치를 잡고 자연스럽게 손이 입 근처로 가도록 연습을 반복한다.

◎ 일상생활에서의 지도과정

영아에게 이유식을 먹일 때 영아의 양 손가락에 이유식을 묻혀 빨아먹게 한다.

◎ 고려사항

뇌성마비 영아의 경우는 주양육자가 양쪽 팔목이나 팔꿈치를 잡을 때 불수의적인 움직임으로 인해 양손을 뻗거나 뒤트는 동작을 하므로, 주양육자가 뒤에서 영아의 몸통을 먼저 잡아 준 후 조심스럽게 천천히 목표행동을 하도록 유도한다.

◎ 목표행동 성취기준

영아가 자신의 입에 자극을 주고 탐색하기 위한 목적으로 양손을 함께 입 근처로 가져가는 행동을 하루 일과 중 최소 5회 이상 보인다.

3. 목표행동

음식을 입에 넣기 위해 입을 벌리고, 음식이 입에 들어가면 입을 다문다.

◎ 목표행동 성취의 중요성

입을 벌리고 다물기 위해 입술을 움직이는 것은 음식을 먹고 음료를 마시는 데 필요한 기본 능력이다. 입술을 사용하게 되면 음식이나 음료를 흘리지 않고 입안에 넣을 수 있으며, 숟가락을 이용할 경우 숟가락에 담긴 음식을 입안으로 빼 넣을 수 있다. 입술을 움직이는 능력은 말을 하는 데 중요하기 때문에 이후 언어발달에도 중요한 영향을 미친다.

◎ 자료

영아용 유동식(예: 사과즙, 배즙, 미음, 스프, 플레인 요구르트, 푸딩, 으깬 바나나, 으깬 감자), 작은 숟가락

◎ 목표행동 성취를 위한 단계적 지도과정

step 1 주양육자는 영아에게 음식을 먹이기 전에 숟가락에 담긴 음식을 보여 주고 "맘마 먹자, 아~" 하면서 영아가 입을 벌릴 수 있도록 유도한다.

step 2 주양육자는 음식을 숟가락으로 떠서 영아의 혀 중앙에 놓은 다음 숟가락으로 혀를 눌러서 영아가 입을 다물고 숟가락에 담긴 음식을 빼내도록 돕는다. 이때 주양육자는 "아~" 하고 입을 열었다가 "음~" 하고 다무는 모습을 과장되게 표현하여 영아에게 보여 준다.

step 3 주양육자는 영아가 입을 다물지 않으면 윗입술을 살짝 건드려 영아에게 음식이 입안에 들어갔다는 것을 알려 준다.

step 4 계속해서 입을 다물지 않으면 숟가락으로 윗입술과 아랫입술을 교대로 건드려 보거나, 윗입술이 숟가락 위에 닿을 수 있도록 가벼운 압력을 주어 윗입술을 밑으로 내리게 한다.

◎ 일상생활에서의 지도과정

식사 시간에 부드러운 불빛과 주양육자가 친숙한 목소리로 직접 노래를 불러 주는 것과 같은 편안한 분위기를 만든다.

사과즙, 배즙, 미음, 스프 등은 3~4개월부터, 플레인 요구르트, 푸딩, 으깬 바나나, 으깬 감자 등은 5~6개월부터 조금씩 준다.

◎ 고려사항

영아가 똑바로 앉은 자세에서 음식을 주어 질식 위험을 막는다.

영아의 입안에 음식이 있으면 다음 음식을 주어도 입을 열지 않기 때문에 영아가 삼킬 때까지 기다린다.

시각장애 영아의 경우는 주양육자가 영아에게 입을 벌리고 다무는 모습을 시범보일 때 영아가 주양육자의 입을 직접 만져서 인지하도록 한다.

◦ 목표행동 성취기준

영아는 주양육자가 음식을 입에 넣어 주면 입을 벌리고, 음식이 입에 들어가면 입을 다무는 행동을 10회 시도 중 최소 8회 이상 할 수 있다.

4. 목표행동

입안에 있는 음식을 움직이기 위해 혀를 의도적으로 움직인다.

◦ 목표행동 성취의 중요성

영아는 혀를 사용하여 다양한 종류의 음식을 먹거나 음료를 마실 수 있게 된다. 혀를 자발적으로 움직일 수 있게 되면 입(구강)의 운동 능력이 발달하게 되고, 이러한 능력은 이후에 말을 하게 되는 것과도 관련되어 언어발달에도 중요한 영향을 미친다.

◦ 자료

영아용 유동식, 작은 숟가락

◦ 목표행동 성취를 위한 단계적 지도과정

step 1 주양육자는 죽과 같은 질척한 질감의 유동식을 숟가락으로 떠서 영아의 혀 중앙에 놓고 영아가 혀를 움직일 수 있도록 숟가락으로 누른 다음 혀를 움직일 수 있는지 관찰해 본다.

step 2 유동식을 혀 중앙에 놓았을 때 영아가 혀를 움직이지 않고 그냥 삼킨다면 주양육자는 영아의 입천장이나 잇몸에 유동식을 조금씩 묻혀 놓아 영아가 혀를 이용하여 음식을 끌어당기도록 유도한다.

◦ 일상생활에서의 지도과정

영아가 식사 시간을 친숙하고 편안하게 느낄 수 있도록 해 준다.

이 시기의 영아에게는 사과즙, 플레인 요구르트, 푸딩, 으깬 바나나, 으깬 감자 등을 조금씩 준다.

영아가 음식을 먹을 때, 주양육자는 입을 벌리는 시늉을 하고 "냠냠" 소리를 내며 시각적 자극과 언어적 자극을 함께 준다.

음식을 먹을 때 외에도 옹알거리는 동안 영아가 혀를 움직이는지 주의 깊게 관찰한다.

◦ 고려사항

영아가 똑바로 앉은 자세에서 음식을 주어 질식 위험을 막는다.

영아의 입안에 음식이 있으면 다음 음식을 주어도 입을 열지 않기 때문에 영아가 삼킬 때까지 기다린다.

구강 운동 능력에 문제가 있어서 혀를 움직이는 데 어려움이 있는 영아의 경우는 전문가의 조언을 구하여 적절한 지도방법을 찾도록 한다. 깨끗한 거즈나 압설자(혀를 아래로 누르는 데 쓰는 납작한 막대기처럼 생긴 의료 기구)로 영아의 혀를 위에서 아래로 눌러 주어 혀가 입 아래쪽에 고정되는 느낌을 갖게 해 준다.

청각장애 영아의 경우는 양 입가에 설탕이나 꿀을 묻힌 후 영아가 혀를 좌우로 움직여 이를 빨아먹게 함으로써 혀의 활발한 움직임을 유도한다.

◦ 목표행동 성취기준

주양육자가 순가락으로 음식을 떠 넣어 주면, 영아는 음식을 바로 삼키지 않고 입안에 있는 음식을 혀를 사용하여 잠시 움직인 다음 삼키는 행동을 10회 시도 중 최소 8회 이상 보인다.

5. 목표행동
순가락으로 음식을 주면 받아먹는다.

◦ 목표행동 성취의 중요성

영아는 순가락으로 주는 음식을 받아먹으면서 주양육자에게 관심을 가지고 상호작용을 할 수 있게 될 뿐만 아니라, 일과 중 식사 시간을 통해 사회적 기술을 형성할 수 있다. 또한 식사 시간에 도구를 이용하게 되는 첫 단계로, 이후 영아가 바람직한 식사 예절을 습득하도록 하는 데 중요한 역할을 한다.

◦ 자료

작은 순가락, 영아가 일상적으로 먹는 음식

◦ 목표행동 성취를 위한 단계적 지도과정

step 1 주양육자는 영아에게 순가락으로 음식을 먹는 모습을 보여 준다. 이때 순가락을 입안으로 넣을 때는 입을 크게 벌리고, 순가락이 입안으로 들어간 다음에는 순가락에 놓인 음식을 빼내기 위해 입을 크게 닫는다. 형제나 또래가 순가락으로 음식을 먹는 모습을 보여 주는 것도 도움이 된다.

step 2 주양육자는 영아의 입 쪽으로 음식이 담긴 순가락을 가져간 후 영아가 입을 열지 않으면 숟가락으로 아랫입술을 건드린다.

step 3 주양육자는 음식이 입에 들어간 후 영아가 입술을 닫아 음식을 입안으로 빼내는지 살펴보고, 어려워하면 주양육자가 숟가락을 영아의 입안 위쪽으로 대고 빼내어 음식이 입안에 들어가도록 한다.

step 4 영아가 계속해서 입술을 닫지 않으면, 주양육자는 숟가락으로 입술 위아래를 건드리면서 영아가 입술을 닫을 때까지 기다린다.

step 5 주양육자는 영아가 숟가락을 넣고 빼는 것을 예상할 수 있도록 언어적 단서를 준다. 예를 들어, 숟가락을 입에 넣을 때는 영아에게 입을 벌려야 한다는 것을 알리기 위해 "아~" 하고 말하고, 숟가락을 뺄 때는 입을 닫아야 한다는 것을 알리기 위해 "음~" 하고 말한다.

◦ 일상생활에서의 지도과정

영아에게 숟가락을 이용하여 처음 음식을 준 다음부터 점차적으로 다양한 음식을 숟가락에 담아 준다. 유동식뿐만 아니라 과일, 야채, 익힌 고기 등의 음식도 갈아서 숟가락에 담아 줄 수 있다.

식사 시간에 모든 가족이 함께 식사함으로써 영아가 다른 사람이 먹는 것을 보면서 배울 수 있도록 한다.

◦ 고려사항

영아가 똑바로 앉은 자세에서 음식을 주어 질식 위험을 막는다.

모유나 우유 또는 손으로 먹는 것에 익숙한 영아의 경우는 숟가락으로 음식을 먹는 것을 처음에는 거부할 수도 있으니 유의한다.

뇌성마비 영아의 경우는 영아의 혀 위에 숟가락을 놓아 숟가락의 촉감을 느끼도록 하며, 혀가 움직이지 않도록 위에서 아래로 지그시 눌러 주고 윗입술을 당기면서 음식을 먹도록 한다.

시각장애 영아의 경우는 숟가락에 음식이 담겨 있을 때와 숟가락이 입으로 들어갔다가 나온 다음 비어 있을 때를 영아가 만지게 하여 충분히 탐색하도록 한다.

◦ 목표행동 성취기준

주양육자가 숟가락에 음식을 담아 영아의 입으로 가져가면 영아는 입을 벌리고, 숟가락이 입안으로 들어오면 숟가락 주위로 입을 닫아 음식을 빼내어 입안으로 넣는 행동을 10회 시도 중 최소 8회 이상 보인다.

6. 목표행동
혼자 아기용 과자를 먹는다.

◦ 목표행동 성취의 중요성

영아는 음식을 손으로 집어먹게 되면서 스스로 음식을 먹을 수 있게 된다. 또한 손으로 음식을 집어먹는 것은 영아의 소근육 운동을 발달시킨다.

◦ 자료

핑거푸드(예: 손으로 잡고 먹을 수 있는 아기용 과자, 치즈)

◦ 목표행동 성취를 위한 단계적 지도과정

step 1 주양육자는 영아에게 과자를 손으로 집어 입에 넣는 것을 보여 준 다음, 영아에게 따라 해 보라고 한다.

step 2 영아가 따라 하지 않으면 주양육자는 영아의 손에 과자를 쥐어 준 다음 영아가 입으로 가져가도록 영아의 손을 잡고 이끌어 준다.

step 3 위 방법으로 지도를 하여도 영아가 어려워하면 주양육자는 영아가 좋아하는 국물이 있는 음식이나 유동식에 영아의 손가락이나 손을 담갔다가 빨아먹게 하는 방법으로 지도해 본다.

◦ 일상생활에서의 지도과정

간식이나 식사 시간 때마다 영아가 손으로 잡을 수 있을 정도의 핑거푸드를 준비하여 영아가 스스로 먹도록 격려한다. 치즈를 먹일 때 둥글게 말아 영아가 잡을 수 있을 정도로 뭉쳐 주면 질감이 부드러워서 영아가 좋아한다.

주양육자가 영아에게 핑거푸드를 먹여 주고, 그다음에는 영아가 주양육자에게 핑거푸드를 먹여 주는 것을 반복해 본다.

영아가 사람 인형이나 동물 인형에게 핑거푸드를 먹여 주는 놀이를 한다.

과자를 숨기고 찾는 놀이를 한다. 예를 들어, 주양육자가 손안에 과자를 반쯤 보이도록 숨기거나, 투명한 컵이나 통을 뒤집어 그 안에 과자를 숨기면 영아가 찾아내어 먹을 수 있게 한다.

◦ 고려사항

영아가 똑바로 앉은 자세에서 음식을 주어 질식 위험을 막는다.

영아가 손으로 쉽게 잡을 수 있는 크기와 모양의 과자를 준다. 아직 이유식을 시작하지 않은 영아라면 이유식 초기단계를 시작한 이후에 과자를 주는 것이 좋다.

발달지체 영아의 경우는 양손을 바닥에 짚지 않은 채 혼자 앉는 것이 어렵다면, 영아전용의자에 앉은 상태에서 과자를 먹는 연습을 해 본다.

뇌성마비 영아의 경우는 손으로 과자를 잡는 것이 어려우므로 잡기도구를 손에 묶어 주어 과자가 잡기도구에서 떨어지지 않도록 고정시킨 후에 먹는 연습을 시킨다.

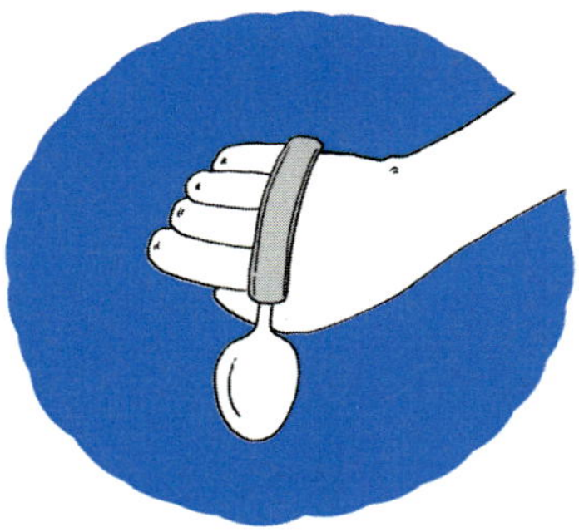

손등에 고정하는 숟가락

시각장애 영아의 경우는 과자를 잡을 수 있도록 주양육자가 과자를 영아의 손에 대 주었다가 살짝 뗀 다음, 영아가 손을 뻗어 잡을 수 있도록 해 준다. 영아가 거부할 경우 과자를 손에 쥐고 충분히 만져 보며 탐색할 수 있도록 해 준 다음 영아의 손에 쥐어 주고 주양육자에게 먹여 주도록 해 본다.

◎ 목표행동 성취기준

영아는 주양육자의 도움 없이 아기용 과자를 먹는 행동을 10회 시도 중 최소 8회 이상 할 수 있다. 이때 영아는 손가락(엄지와 다른 손가락)을 이용하지 않고 과자를 손 전체로 감싸 쥐고 입에 넣어 먹더라도 목표행동을 성취한 것으로 본다.

03 월령: 7~9개월

1. 목표행동

도움 없이 우유병을 잡는다.

◎ 목표행동 성취의 중요성

이 시기의 영아는 소근육 운동기술이 이전보다 발달하여 주양육자가 우유병을 잡아 주지 않아도 스스로 우유병을 두 손으로 감싸 쥐고 우유를 먹을 수 있다. 우유병을 스스로 잡을 수 있다는 것은 영아가 독립적으로 음식을 먹을 수 있게 되었다는 것을 의미하므로 자조기술 발달에서 중요한 이정표가 된다.

◎ 자료

우유병

◎ 목표행동 성취를 위한 단계적 지도과정

step 1 주양육자는 우유병을 잡고 영아의 입에 물린다.

step 2 영아가 편안하게 빨기 시작하면 주양육자는 영아의 손을 감싸 쥐고 자연스럽게 우유병을 잡도록 해 준다. 이때 영아의 가슴 위에 수건을 접어 올려서 우유병을 받칠 수 있게 해 주면 도움이 된다.

step 3 우유병을 영아의 입에서 떼어 낸 다음 영아가 우유병을 향해 손을 뻗을 때까지 기다린다.

step 4 영아가 우유병을 잡는 데 익숙해지면 주양육자는 영아가 혼자 잡고 있도록 유도한다.

◎ 일상생활에서의 지도과정

영아가 우유를 먹을 때마다 위 과정을 반복한다.

◎ 고려사항

영아가 잡기 쉽도록 고안된 우유병 또는 작은 우유병을 준비하여 영아의 특성에 따라 영아가 잡기 쉬운 알맞은 우유병을 사용한다.

양쪽에 손잡이가 달린 우유병

양쪽에 고리가 달린 우유병

중간에 구멍이 뚫린 우유병

주양육자는 영아가 혼자서 우유병을 잡고 우유를 먹을 때 우유병을 떨어뜨릴 수 있으니 주의한다. 영아가 무거워하지 않도록 우유병에 우유를 가득 채우기보다는 1/3~1/2 정도만 채우는 것이 좋다.

모유를 먹는 영아의 경우는 우유병을 잡는 과정 없이 바로 컵으로 음료를 마시는 단계로 넘어간다.

◦ 목표행동 성취기준

영아는 우유병으로 우유를 먹을 때, 주양육자의 도움 없이 양손으로 우유병을 감싸 잡은 채로 우유를 빨아먹는 행동을 10회 시도 중 최소 8회 이상 보인다. 이때 영아가 우유병 꼭지를 물자마자 병을 잡지 않더라도 주양육자가 영아의 손을 잡고 우유병을 잡게 했을 때 스스로 잡고 있다면 목표행동을 성취한 것으로 본다.

2. 목표행동

성인이 컵을 잡아 주면 음료를 마신다.

◦ 목표행동 성취의 중요성

영아는 컵에 든 음료를 마시면서 입술 근육을 적절히 움직이는 방법을 습득할 수 있으며, 입안으로 들어가는 음료의 양을 조절하여 삼킬 수 있게 된다.

◦ 자료

컵, 영아가 좋아하는 음료(예: 물, 과일즙, 플레인 요구르트)

◦ 목표행동 성취를 위한 단계적 지도과정

step 1 주양육자는 영아에게 컵 안에 든 음료를 보여 준다. 이때 영아가 좋아하는 음료를 선택하며, 처음에는 적은 양으로 시작한다.

step 2 주양육자는 "○○야, 물(음료 이름) 마시자." 하면서 컵 끝을 영아의 입술에 대고 컵을 천천히 기울인다.

step 3 주양육자는 영아가 컵에 입술을 대고 음료를 마실 수 있을 정도로 입술을 닫을 때까지 기다린다.

step 4 주양육자는 컵을 영아의 입에서 잠시 떼었다가, 영아가 컵 쪽으로 얼굴을 기울일 때까지 기다린다.

step 5 주양육자는 영아가 컵으로 음료를 먹으면 "잘 마시네, 맛있다." 하며 말로 칭찬해 준다.

◎ 일상생활에서의 지도과정

영아가 물 또는 음료를 마시고 싶어 하면 주양육자는 영아가 좋아하는 컵에 음료를 담고 영아가 마실 수 있도록 도와준다.

식사 시간 또는 간식 시간마다 매번 컵에 음료를 담아 마시도록 하며 다른 사람이 컵으로 음료를 마시는 것을 보여 준다.

◎ 고려사항

영아가 똑바로 앉은 자세에서 음료를 주어 질식 위험을 막는다.

투명한 컵을 이용하면 마시는 양을 가늠하기 쉽고 시각적인 자극을 줄 수 있다.

주양육자가 컵을 기울임에 따라 영아가 고개를 움직일 수 있으므로, 주양육자는 영아의 입에 들어가는 양을 조절하기 위해 컵의 기울기에 주의를 기울인다.

삼키는 데 어려움이 있는 영아, 혀의 조절이나 입술 사용이 미숙한 영아의 경우는 컵에 담긴 음료의 양을 적게 하고, 영아가 입에 음료를 머금고 있을 때 주양육자가 영아의 아래턱을 위로 살짝 눌러 주면서 "꿀꺽" 소리와 흉내를 내어 영아가 삼킬 수 있도록 유도한다.

뇌성마비 영아의 경우는 영아가 어느 정도 물을 마시고 있는지 알기 위해 투명 컵을 사용하도록 하며, 컵의 물을 흘리지 않도록 고안된 지체장애 영아용 컵을 사용하여 먹는 연습을 하도록 한다.

지체장애 영아를 위한 컵

시각장애 영아의 경우는 음료수를 담아 줄 컵을 영아가 먼저 만질 수 있게 해 준 다음, 주양육자가 컵에 음료를 따르며 소리를 들려준다. 주양육자가 먼저 "냠냠, 꿀꺽" 등 소리를 내며 음료를 마신 후 "○○도 물(음료) 마시자." 하며 영아의 손에 컵을 쥐어 준 후 입에 대 주어 먹을 수 있게 한다. 음료가 담긴 컵을 영아가 잡게 하고 주양육자에게 먹여 주도록 하는 것도 효과적이다.

◎ 목표행동 성취기준

주양육자가 컵을 잡고 영아가 음료를 마실 수 있도록 컵을 입으로 가져가면, 영아가 컵 가장자리에 입술을 대고 입을 조금만 벌려 음료를 마시는 행동을 10회 시도 중 최소 8회 이상 보인다. 이때 음료를 흘리더라도 목표행동을 성취한 것으로 본다.

3. 목표행동

손잡이 부분을 잡지는 않더라도 숟가락을 잡는다.

◦ 목표행동 성취의 중요성

영아는 숟가락을 이용하게 되면서 주양육자의 도움 없이 스스로 음식을 먹을 수 있게 될 뿐만 아니라, 눈과 손의 협응 및 소근육 운동기술을 발달시킬 수 있다. 또한 아직 숟가락을 이용하여 음식을 먹지는 못하더라도 숟가락에 관심을 보이고 잡게 되면서 식사예절의 기초를 배우게 된다.

◦ 자료

작은 숟가락, 영아가 일상적으로 먹는 음식

◎ 목표행동 성취를 위한 단계적 지도과정

step 1 주양육자는 영아에게 숟가락을 보여 준 다음 숟가락을 잡는 시범을 보인다.

step 2 주양육자는 숟가락을 내려놓고 숟가락을 가리키면서 "이번에는 ○○가 잡아 볼까?" 하며 영아가 잡을 수 있는지 살펴본다.

step 3 영아가 숟가락을 잡지 않으면 주양육자는 숟가락을 영아의 손에 쥐어 주거나 영아의 손을 잡고 숟가락이 있는 곳으로 이끌어 숟가락을 잡도록 유도한다.

step 4 숟가락을 영아의 손에 쥐어 주었을 때 영아가 숟가락을 손으로 꽉 쥐지 않고 놓쳐 버리면, 주양육자는 영아의 손 위에 숟가락을 놓은 다음 영아가 꽉 쥐도록 손을 오므렸다 펴는 것을 반복한다.

step 5 주양육자는 영아가 숟가락을 잡으면 환호하면서 칭찬해 준다.

◎ 일상생활에서의 지도과정

놀이를 통해 영아가 다양한 크기의 숟가락을 탐색해 볼 수 있도록 한다.

주양육자는 음식이 담긴 그릇 안에 숟가락을 놓고, 영아가 그것을 집어 올려 빨면서 탐색해 볼 수 있도록 한다.

◎ 고려사항

영아가 숟가락을 잡거나 탐색할 때 위험하지 않은지 잘 살핀다.

지체장애 영아의 경우는 잡기 능력이 부족하므로 손잡이가 두꺼운 숟가락을 사용하고 주양육자가 영아의 손을 감싸듯이 잡고 숟가락을 같이 쥐어 본다.

시각장애 영아의 경우는 주양육자가 숟가락을 잡고 있는 모습을 영아의 손으로 만지게 해 준 다음 숟가락을 내려놓고 소리로 위치를 알려 주어 영아가 숟가락을 잡도록 유도한다.

○ 목표행동 성취기준

영아는 적어도 5초 이상 숟가락을 떨어뜨리지 않고 잡고 있는 행동을 10회 시도 중 최소 8회 이상 보인다. 이때 영아가 손잡이 부분을 잡지 않더라도 숟가락을 잡기만 하면 목표행동을 성취한 것으로 본다.

4. 목표행동

음식을 토해 내는 반사가 점점 줄어든다.

○ 목표행동 성취의 중요성

영아가 음식을 먹기 시작하면서 주양육자는 영아가 토하는 것에 대해 걱정하는 경우가 많다. 숟가락이나 단단한 음식이 혀 뒷부분에 자극을 주었을 때, 숟가락 또는 음식을 혀 앞쪽으로 밀어내는 것을 토하기 반사(gag reflex)라고 하는데, 이는 아직 음식 먹는 방법을 잘 모르는 영아가 큰 덩어리의 음식을 삼키지 않도록 하여 질식하는 것을 막아 주는 기능을 한다. 영아가 4개월 정도 되면, 입 속에서 음식을 어떻게 움직이고, 씹으며, 삼키는지 알게 되어 토하기 반사의 빈도가 점차 줄어든다. 토하기 반사는 완전히 사라지지 않고 평생 지속되는 반사이지만, 4~6개월경에는 많이 감소되는데, 만약 7개월 이후가 되어도 그대로 지속되면 영아의 음식 섭취에 문제가 생기므로 주양육자는 영아가 토하기 반사를 줄이고 다양한 음식을 먹는 연습을 하도록 도와주어야 한다.

○ 자료

영아용 음식, 작은 숟가락

◎ 목표행동 성취를 위한 단계적 지도과정

step 1 영아가 계속해서 토해 낸다면 아주 부드러운 질감의 음식(예: 덩어리 없이 갈거나 체로 걸러서 만든 음식)을 준다.

step 2 영아에게 서서히 질감이 느껴지는 음식이나 덩어리가 약간 느껴지는 음식을 준다. 예를 들어, 바나나나 감자를 덩어리가 약간 남아 있도록 으깨 줄 수 있다. 또는 부드러운 음식(예: 플레인 요구르트, 죽)에 영아용 시리얼을 추가하여 줄 수 있다.

◎ 일상생활에서의 지도과정

영아가 음식을 먹을 때 즐거운 기분을 갖도록 해 준다(예: 주양육자가 노래 불러 주기).

간식 시간이나 식사 시간에 다양한 맛과 질감의 음식을 준다.

◎ 고려사항

영아가 자주 음식을 거부한다면, 우선 음식의 재료나 상태가 적절한지 살펴보고, 음식 문제가 아니라면 작업치료사와 같은 전문가에게 자문을 구해야 한다.

시각장애 영아의 경우는 입술이나 혀에 닿는 음식의 질감에 민감하게 반응하여 음식에 대한 거부가 있을 수 있으므로 시간을 두고 천천히 적응할 수 있도록 배려한다. 영아가 주양육자에게 먹여 주도록 하고 주양육자가 "와, 맛있구나! 냠냠냠, 꿀꺽 소리가 나네. 또 주세요." 하며 적극적으로 반응하여 영아가 편안하게 먹을 수 있도록 유도한다.

◎ 목표행동 성취기준

영아는 질감이 있는 음식을 먹을 때 토해 내는 반사를 하루 일과 중 2회 이하로 보인다.

5. 목표행동

음식을 씹을 수 있고, 딱딱한 음식을 먹는다.

◎ 목표행동 성취의 중요성

영아는 음식을 씹을 수 있게 되면서 유동식에서 고형식으로 바꿀 수 있게 되어 충분한 영양을 섭취할 수 있게 된다.

◎ 자료

딱딱한 음식(예: 비스킷, 크래커)

◎ 목표행동 성취를 위한 단계적 지도과정

step 1 주양육자는 영아에게 딱딱한 음식을 보여 주며 "여기 맛있는 과자(음식 이름) 있네." 하면서 관심을 끌어낸다.

step 2 주양육자는 턱을 크게 위아래로 움직이면서 영아에게 음식 씹는 모습을 보여 준다.

step 3 영아에게 딱딱한 음식을 주었을 때 영아가 입에 넣는 것을 거부하면, 주양육자는 처음에는 부드러운 음식(예: 플레인 요구르트, 죽)에 영아용 시리얼과 같이 딱딱한 음식을 추가하여 준다.

step 4 영아에게 주양육자를 따라 먹으라고 해 보고 "꼭꼭 씹어." "앙 깨물자." "냠냠냠 먹자."와 같은 말로 격려해 준다.

step 5 영아가 잘 씹지 못하면 주양육자는 영아의 이 사이에 음식을 놓고 아래턱을 위로 살짝 눌러 준다. 또는 영아가 잘 씹을 수 있도록 입술과 턱을 살짝 만져 준다.

◎ 일상생활에서의 지도과정

간식 시간이나 식사 시간에 영아가 딱딱한 음식을 자유롭게 만지게 하여 친숙하게 느끼도록 한다.

하루에 두 번 정도는 씹을 수 있는 음식을 주되, 딱딱한 음식을 씹는 것에 대한 거부감을 가지지 않게 하기 위해 잘게 썰어서 준다.

◎ 고려사항

영아가 똑바른 자세로 앉은 자세에서 음식을 주어 질식 위험을 막는다.

영아가 혼자 있을 때 딱딱한 음식을 먹지 않도록 주의하며, 영아가 딱딱한 음식을 먹을 때에는 완전히 씹어서 삼킨 후에 다음 음식을 입에 넣는지 유심히 살펴본다.

과일이나 야채는 잘게 썰어 주더라도 입안에서 쉽게 물러지지 않아 그냥 삼킬 경우 질식 위험이 있으므로 아직 주지 않는 것이 좋다.

부드러운 음식을 먹는 것에 익숙한 영아의 경우는 딱딱한 음식을 먹는 것을 처음에는 거부할 수도 있으니 유의한다.

시각장애 영아의 경우는 음식을 만져 보고 먹을 때 나는 소리를 들려주어 영아가 음식에 흥미를 갖도록 유도한다.

◎ 목표행동 성취기준

영아는 턱을 위, 아래, 사선 방향으로 움직이며 치아를 이용하여 음식을 씹는 행동을 10회 시도 중 최소 8회 이상 보인다.

6. 목표행동

놀잇감을 깨문다.

◦ 목표행동 성취의 중요성

영아는 입을 통해 사물을 탐색하며, 이는 이후 세상을 탐색하기 위한 기초가 되는데, 놀잇감을 깨무는 것도 이러한 과정 중의 하나다. 놀잇감을 깨무는 것은 치아를 이용하여 음식을 씹는 능력에도 영향을 미친다.

◦ 자료

안전하고 독성이 없는 놀잇감(예: 딸랑이, 고리, 천으로 만든 공이나 블록, 헝겊책)

◦ 목표행동 성취를 위한 단계적 지도과정

step 1 주양육자는 딸랑이, 고리와 같은 놀잇감을 영아의 손에 쥐어 준다.

step 2 주양육자는 놀잇감을 쥔 영아의 손을 잡고 입으로 가져가도록 한다.

step 3 주양육자는 영아가 자연스럽게 놀잇감을 입에 넣어 탐색해 보도록 한다.

◦ 일상생활에서의 지도과정

놀이를 통해 여러 가지 모양과 질감의 놀잇감을 탐색할 수 있는 기회를 많이 준다.

◦ 고려사항

영아가 생후 6개월이 지났는데도 입에 음식이나 물건을 넣는 것을 계속해서 거부하거나, 위 아래로 씹기를 잘 하지 못하는 경우에는 작업치료사와 같은 전문가에게 자문을 구해야 한다.

영아가 입에 넣는 놀잇감은 매일 소독, 세척하여 건조시킨다.

◦ 목표행동 성취기준

영아는 장난감을 쥐고 입으로 가져가 깨무는 행동을 하루 일과 중 최소 5회 이상 보인다.

04 월령: 10~12개월

1. 목표행동

잘게 썬 과일이나 아기용 과자 등의 핑거푸드를 손으로 집어 먹는다.

◎ 목표행동 성취의 중요성

영아는 음식을 손으로 집어먹게 되면서 스스로 음식을 먹을 수 있게 된다. 또한 손으로 음식을 집어먹는 것은 영아의 소근육 운동을 발달시킨다.

◎ 자료

핑거푸드(예: 손으로 집어 먹을 수 있는 잘게 썬 과일이나 아기용 과자)

◎ 목표행동 성취를 위한 단계적 지도과정

step 1 주양육자는 영아와 마주 앉아 핑거푸드를 손가락으로 집어 입에 넣는 것을 보여 준 다음 "맛있는 과자(음식 이름) 먹자." 하면서 영아에게 따라 해 보라고 한다.

step 2 영아가 따라하지 않으면 주양육자는 영아의 손가락 사이에 과자를 쥐어 주고, 입으로 가져가도록 이끌어 준다.

step 3 손으로 음식을 먹는 것을 어려워하면 주양육자는 영아가 좋아하는 유동식(예: 으깬 바나나, 죽)에 영아의 손가락이나 손을 담갔다가 빨아 먹게 하는 방법으로 지도해 본다.

step 4 주양육자는 영아가 손바닥 전체를 이용하여 주먹 모양으로 움켜쥐는 것을 연습해 보게 한 다음 익숙해지면 점차 엄지와 다른 손가락을 이용하여 집을 수 있도록 지도한다.

◎ 일상생활에서의 지도과정

간식이나 식사 시간 때마다 영아가 손가락으로 집을 수 있을 정도의 핑거푸드를 준비하여 영아가 스스로 먹도록 격려한다.

주양육자가 영아에게 핑거푸드를 먹여 주고, 다음에는 영아가 주양육자에게 핑거푸드를 먹여 주는 것을 반복해 본다.

영아가 사람 인형이나 동물 인형에게 핑거푸드를 먹여 주는 놀이를 한다. 장난감 과일이나 야채를 이용할 수도 있다.

과자를 숨기고 찾는 놀이를 한다. 주양육자가 컵을 뒤집어 그 안에 과자를 숨기면 영아가 찾아내는 놀이로 과자를 찾은 다음에는 먹을 수 있게 한다.

산책을 나갈 때나 외출 시 핑거푸드를 지퍼 백에 넣어 가지고 다니면서 간식 대용으로 영아에게 제공한다.

◎ 고려사항

영아가 똑바로 앉은 자세에서 음식을 주어 질식 위험을 막는다.

영아가 손으로 쉽게 잡을 수 있는 크기와 모양의 핑거푸드를 준다.

주양육자는 영아가 음식을 많이 흘리더라도 혼내지 않고 인내심을 가지고 지켜본다.

시각장애 영아의 경우는 주양육자가 영아의 손에 핑거푸드를 살짝 대었다가 떼어 내어, 영아가 핑거푸드를 향해 손을 뻗어 잡을 수 있도록 도와준다.

◎ 목표행동 성취기준

영아는 엄지와 다른 손가락으로 핑거푸드를 집어 먹는 행동을 10회 시도 중 최소 8회 이상 보인다.

2. 목표행동

숟가락을 이용하여 스스로 먹으려고 시도한다.

◎ 목표행동 성취의 중요성

영아는 손으로 음식을 집어 먹는 한편, 더 나아가 손으로는 먹기 힘든 음식을 숟가락으로 먹게 되면서 스스로 음식 먹는 능력을 길러 나가게 된다. 또한 숟가락을 입으로 가져가는 동안 눈과 손의 협응을 기르고 소근육 운동기술을 발달시킨다. 숟가락을 이용하는 것은 식사예절을 배우는 데 있어 중요한 과정으로 영아의 사회성 발달에도 영향을 미친다.

◎ 자료

작은 숟가락, 영아가 일상적으로 먹는 음식

◦ 목표행동 성취를 위한 단계적 지도과정

step 1 주양육자는 영아에게 숟가락으로 음식 먹는 모습을 보여 준다. 형제나 또래가 숟가락으로 음식을 먹는 모습을 보여 주는 것도 도움이 된다.

step 2 주양육자는 영아에게 음식을 보여 주고 음식을 숟가락에 담은 후 숟가락을 가리키면서 집어 올려 먹어 보라고 한다. 이때 "맛있는 ○○(음식 이름)네. 이거 먹어 봐." 하고 말한다.

step 3 영아가 스스로 먹으려고 시도하지 않으면 주양육자는 영아 뒤에 앉아서 영아가 손으로 숟가락을 잡고, 음식을 떠 올리고, 입으로 가져가도록 이끌어 준다.

step 4 익숙해지면 주양육자는 영아가 숟가락을 입 바로 앞에 가져가는 데까지만 이끌어 주고, 입에 넣는 것은 영아가 스스로 하게 해 본다.

step 5 주양육자와 영아가 숟가락으로 음식을 떠서 서로에게 먹여 주는 연습을 한다.

◦ 일상생활에서의 지도과정

영아가 사람 인형이나 동물 인형에게 숟가락을 이용하여 음식을 먹여 주는 놀이를 한다.

간식 시간이나 식사 시간에 숟가락으로 떠 올리기 쉬운 음식과 함께 숟가락을 준다. 이때 영아가 좋아하는 캐릭터 그림이 들어간 숟가락을 주어 숟가락 사용에 흥미를 느끼게 한다.

◦ 고려사항

영아의 팔이 너무 많이 들리지 않을 정도 높이의 식탁에서 숟가락을 사용할 수 있도록 한다.

영아가 음식을 쉽게 퍼 올릴 수 있도록 고안된 숟가락이나 그릇을 이용하도록

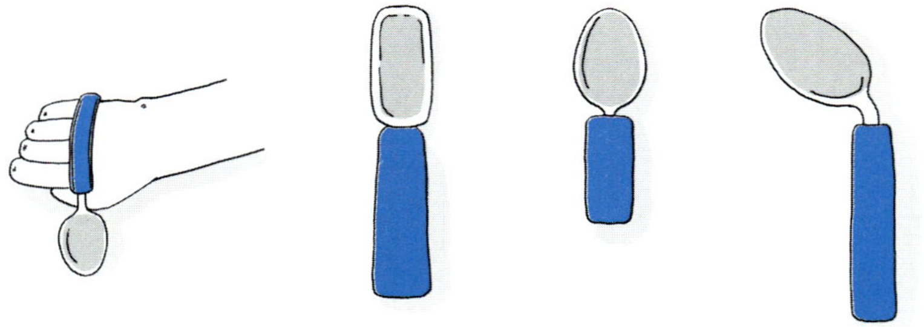

손등에 고정하는 숟가락 / 음식을 담는 부분이 편평한 숟가락 / 손잡이가 짧은 숟가락 / 휘어진 숟가락

한다.

주양육자는 영아가 스스로 먹으려고 하다가 흘리더라도 혼내지 않고 인내심을 가지고 지켜본다.

식사 시간에 모든 가족이 함께 식사함으로써 영아가 다른 사람이 먹는 것을 볼 수 있도록 한다.

다운증후군 영아의 경우는 구강이 좁고, 혀의 움직임과 윗입술 사용이 미숙하므로 숟가락 선택 시 음식을 담는 부분이 너무 길거나 넓지 않은 작은 숟가락을 이용하도록 한다.

시각장애 영아의 경우는 가족과의 식사 시간에 들리는 여러 가지 소리와 분위기를 경험하도록 해 주며, 영아가 숟가락에 흥미를 느끼도록 다양한 촉감과 모양의 숟가락을 제공한다. 입체적인 캐릭터 모형이 붙은 숟가락을 제공할 수도 있으나 영아에 따라서는 울퉁불퉁한 느낌을 싫어해서 거부할 수도 있으니 유의한다.

◦ 목표행동 성취기준

영아는 음식을 많이 흘리거나 숟가락을 주먹 모양으로 잡긴 하지만 숟가락으로 음식을 떠서 입으로 가져가는 행동을 10회 시도 중 최소 8회 이상 보인다.

3. 목표행동

새로운 음식을 주면 부정적인 반응을 나타낸다.

◦ 목표행동 성취의 중요성

영아가 좋아하는 음식과 싫어하는 음식 또는 새로운 음식을 구분하는 능력은 영아가 자신에게 익숙한 것과 낯선 것을 구별하는 능력과도 관련된다. 이는 특별히 배우거나 연습을 통해서 습득하는 데는 한계가 있으므로 주양육자는 영아에게 다양한 음식을 먹어 보게 함으로써 영아 스스로 인지하도록 도움을 준다.

◦ 자료

영아에게 낯선 음식 또는 평소에 잘 먹어 보지 못한 음식

◦ 목표행동 성취를 위한 단계적 지도과정

step 1 주양육자는 영아에게 어떤 음식을 주었을 때, 영아가 고개를 돌리거나, 얼굴을 찡그리거나, 혀로 음식을 내미는 등의 부정적인 반응을 보

이는지 관찰한다.

step 2 주양육자는 영아가 싫어하는 음식에 대해 거부하는 표현을 자연스럽게 할 수 있도록 유도한다.

step 3 주양육자는 영아가 거부한 다음에는 "○○야, ○○(음식이름) 맛없어?" 하면서 달래 준다.

◦ 일상생활에서의 지도과정

주양육자는 두세 가지 정도의 음식을 준비하여 영아에게 맛보게 한 다음 영아가 어떤 음식을 좋아하고 어떤 음식을 싫어하는지 관찰한다. 그다음에 줄 때도 똑같은 음식에 대해 영아가 똑같은 반응을 하는지 살펴보며, 언어적으로 반응해 준다(예: "비스킷 맛있어?" "시금치 맛없어?").

◦ 고려사항

주양육자는 영아가 다양한 음식을 먹을 수 있도록 해 주고, 특별히 좋아하는 음식과 싫어하는 음식을 기억하여 영아의 선호도에 따른 음식 선택을 고려한다.

영아가 일상적인 음식 또는 영양상 필요한 음식인데도 거부한다면, 대체할 수 있는 음식을 주거나, 시간이 흐른 후에 다시 먹도록 시도해 본다.

◦ 목표행동 성취기준

영아는 새로운 특정 음식에 대해 일관되게 거부하는 반응을 10회 시도 중 최소 8회 이상 보인다.

4. 목표행동

숟가락 손잡이의 기능을 인식하고 손잡이를 잡는다.

◎ 목표행동 성취의 중요성

영아는 숟가락을 이용하게 되면서 숟가락이 음식을 먹는 데 이용된다는 것과 음식을 담는 부분과 손잡이의 기능을 알게 되어 도구를 사용하여 음식을 먹는 능력을 길러 나가게 된다. 또한 숟가락을 입으로 가져가는 동안 눈과 손의 협응력을 기르고 소근육 운동기술을 발달시킨다. 숟가락을 사용하는 것은 식사예절을 배우는 데 있어 중요한 과정으로 영아의 사회성 발달에도 영향을 미친다.

◎ 자료

작은 숟가락, 영아가 일상적으로 먹는 음식

◎ 목표행동 성취를 위한 단계적 지도과정

step 1 주양육자는 영아에게 숟가락 손잡이 부분을 잡고 음식을 떠먹는 모습을 보여 준다. 형제나 또래가 숟가락으로 음식을 먹는 모습을 보여 주는 것도 도움이 된다.

step 2 주양육자는 영아에게 음식을 보여 준 다음 "여기 잡고, ○○(음식 이름) 먹어 봐." 하며 숟가락 손잡이 부분을 가리키면서 음식을 떠 올려 먹어 보라고 한다.

step 3 영아가 숟가락을 잡고 음식 먹는 것을 어려워하면, 주양육자는 영아가 먹는 것을 관찰할 수 있으면서도 신체적 도움을 줄 수 있는 위치에서 영아가 손으로 숟가락 손잡이 부분을 잡고, 음식을 떠 올리고, 입으로 가져가도록 이끌어 준다.

◦ 일상생활에서의 지도과정

영아가 사람 인형이나 동물 인형에게 숟가락을 이용하여 음식을 먹여 주는 놀이를 한다.

간식 시간이나 식사 시간에 숟가락으로 떠 올리기 쉬운 음식(예: 푸딩, 으깬 바나나, 으깬 감자)과 함께 숟가락을 준다.

◦ 고려사항

영아가 음식을 쉽게 떠 올릴 수 있도록 고안된 숟가락이나 그릇을 이용한다. 영아가 좋아하는 캐릭터가 그려져 있거나 끝부분에 캐릭터 모양이 달려 있는 숟가락을 이용하면 영아의 관심을 끌 수 있다.

숟가락의 손잡이 부분이 긴 것보다는 짧은 것이 영아가 손으로 잡기 쉬우며, 입으로 가져가기도 더 쉽다. 영아가 손잡이 부분을 주먹으로 잡았을 때 위아래의 여분이 3cm 이내인 것이 사용하기 쉽다.

식사 시간에 모든 가족이 함께 식사함으로써 영아가 다른 사람이 숟가락을 이용하여 음식을 먹는 것을 볼 수 있도록 한다.

뇌성마비 영아의 경우는 손잡이가 두꺼운 뇌성마비 영아용 숟가락을 구입하거나 만들어 사용하도록 한다.

시각장애 영아의 경우는 주양육자가 식사 시간의 분위기나 가족이 식사하는 모습을 영아에게 설명해 주도록 한다

◦ 목표행동 성취기준

영아는 숟가락을 잡을 때, 숟가락의 음식을 담는 부분을 잡지 않고 손잡이를 잡는 행동을 10회 시도 중 최소 8회 이상 보인다.

5. 목표행동

옷을 입힐 때 소매나 바지에 팔과 다리를 내밀어 협조한다.

◎ 목표행동 성취의 중요성

이 시기의 영아는 아직 스스로 옷을 입지는 못하지만, 주양육자가 옷을 입힐 때 협조함으로써 옷 입는 방법을 배우고, 주양육자의 지시에 따르는 경험을 하게 된다. 또한 옷을 입을 때 다양한 근육을 사용하게 되므로 대근육, 소근육 운동기술을 기를 수 있게 된다.

◎ 자료

입기 쉬운 느슨한 상의 또는 하의, 그림책 자료(『쏘옥 옷입기』/기무라 유이치 지음/웅진주니어)

◎ 목표행동 성취를 위한 단계적 지도과정

step 1 주양육자는 영아에게 옷을 입힐 때, 움직임이 필요한 신체 부위를 손으로 가리키면서 이름을 말한다. 예를 들어, 영아의 팔 가까이에 소매 구멍이 오도록 옷을 들고 영아의 팔을 가리키면서 "팔을 넣어 보자." 하고 말한다.

step 2 영아가 팔을 넣지 않으면 주양육자는 영아의 팔을 잡고 소매 쪽으로 넣어 준다.

step 3 주양육자는 여러 번 반복한 후에 영아가 스스로 팔을 소매에 넣을 때까지 "여기 팔 넣어 보자."와 같이 말로만 격려하면서 기다린다.

step 4 영아가 팔을 소매에 넣으면 주양육자는 "팔이 쏙 들어갔네." 하고 말해 준다.

step 5 하의를 입힐 때도 마찬가지로 주양육자는 영아가 앉아 있는 상태에서 바지 한쪽 다리를 말아 영아의 발 앞에 두고 다리를 가리키면서 "다리 넣어 보자." 하고 말한다.

step 6 영아가 다리를 넣지 않으면 주양육자는 영아의 다리를 잡고 바지 속으로 넣어 준다.

step 7 주양육자는 여러 번 반복한 후에 영아가 스스로 다리를 넣을 때까지 기다린다.

step 8 영아가 다리를 바지에 넣으면 주양육자는 "다리가 쏙 들어갔네." 하고 말해 준다.

◦ 일상생활에서의 지도과정

상의를 입힐 때 까꿍놀이를 활용하여 옷 입기를 재미있게 할 수 있다. 주양육자는 영아가 상의 목 부분에 머리를 넣어 협조할 때 영아의 얼굴이 옷으로 가려지면 "○○, 어디 있나?" 하고 말하며, 영아의 얼굴이 다시 나오면 "까꿍!" 하고 말한다. 영아가 좋아하면 여러 번 반복하여 영아가 흥미를 가지도록 유도한다.

옷을 갈아입혀야 할 상황(예: 목욕 시, 옷이 더러워졌을 때)일 때 지도한다. 평소에 영아가 좋아하는 그림이나 색깔의 옷, 재미있는 그림이 그려진 옷을 이용하면 영아의 관심을 끌 수 있다.

형제나 또래가 스스로 옷을 입을 때, 또는 주양육자가 입혀 줄 때 영아가 볼 수 있도록 한다. 옷 입기 과정이 담긴 그림책을 이용하여 옷 입기 지도를 하는 것도 도움이 된다.

다양한 목표를 설정해 두고 급하지 않은 상황에서 여유 있게 지도한다.

◦ 고려사항

처음에는 크고 느슨한 옷, 소매가 없는 옷이나 반팔, 반바지로 시작하여 긴 팔, 긴 바지를 점차적으로 시도해 본다.

지체장애 영아의 경우는 누운 상태에서 옷을 입도록 하거나, 주양육자 앞에 영아를 앉혀 지지시킨 후 뒤에서 옷을 입히도록 한다.

시각장애 영아의 경우는 의성어(예: "쏙~")를 사용하여 옷 입기에 흥미를 갖도록 한다. 직접 옷을 입어 보는 것 외에 적당한 크기의 인형 옷을 만져 보며 옷의 모양을 익히고 직접 입혀 주는 놀이를 해 본다.

◎ 목표행동 성취기준

영아는 주양육자가 옷을 입힐 때 스스로 또는 지시에 따라 팔과 다리를 내밀어 협조하는 행동을 10회 시도 중 최소 8회 이상 보인다.

6. 목표행동

혼자 작은 플라스틱 컵을 두 손으로 잡고 마시려고 한다.

◎ 목표행동 성취의 중요성

영아가 컵을 들고 음료를 마실 수 있는 능력은 자신의 신체적 욕구를 스스로 해결할 수 있음을 말해 준다. 또한 컵을 잡고 들어 올리며 입으로 가져가는 것과 입술의 근육을 조절하여 컵에 대고 마시는 것은 소근육 운동 능력의 발달에도 영향을 미친다.

◎ 자료

작은 플라스틱 컵(손잡이가 없거나 있는 컵), 영아가 좋아하는 음료(예: 물, 과일즙, 플레인 요구르트)

◎ 목표행동 성취를 위한 단계적 지도과정

step 1 영아가 컵으로 음료를 마시는 것을 어려워하면 주양육자는 영아가 먹는 것을 관찰할 수 있으면서도 신체 도움을 줄 수 있는 위치에서 우선 영아가 컵 속에 있는 음료를 보도록 한다.

step 2 주양육자는 영아의 두 손을 감싸 잡고 컵을 들어 올려 영아의 입으로 가져간 다음 영아가 입술을 컵 가장자리를 대고, 컵을 기울여 음료를 마시고, 컵을 다시 내려놓도록 이끌어 준다.

step 3 이러한 과정을 반복한 후 주양육자는 영아가 특별히 어려워하는 부분만 도와주고 점차 도움을 줄여 나간다.

step 4 주양육자는 영아가 컵을 스스로 들어 올려 음료를 마실 수 있게 되면 "우리○○, 잘했어요" 하며 칭찬해 준다.

◎ 일상생활에서의 지도과정

영아가 목말라하면 주양육자는 영아가 좋아하는 컵에 음료를 담고, 영아가 컵을 두 손으로 잡고 들어 올릴 수 있도록 도와준다.

식사 시간 또는 간식 시간마다 매번 컵에 음료를 담아 마시도록 하고, 다른 사람이 컵으로 음료를 마시는 것을 보여 준다.

◎ 고려사항

처음에는 물보다 농도가 짙은 과일즙, 플레인 요구르트와 같은 음료를 담아주면 출렁거리지 않고 천천히 흐르기 때문에 도움이 된다.

컵으로 음료를 마시는 것을 지도할 때, 컵에 음료를 너무 적게 채우면 영아의 머리가 뒤로 많이 젖혀져 위험하므로 1/2~2/3 정도 채우는 것이 적당하다.

투명한 컵을 사용하면 음료가 얼마나 남았는지 영아가 쉽게 알 수 있으며 영아가 좋아하는 캐릭터가 있는 컵, 재미있는 그림과 색깔의 컵을 선택하는 것이 도움이 된다.

영아가 처음 컵을 사용할 때 손잡이가 없는 컵 또는 손잡이가 하나 있거나 양쪽에 있는 컵 모두 사용할 수 있다. 뇌성마비 영아의 경우는 양쪽에 손잡이가 있는 것을 사용하여 양손으로 컵을 잡도록 한다.

컵을 바닥에 바르게 세워 두는 것이 어려운 영아의 경우는 마시고 난 컵을 제자리에 두었을 때 미끄러지지 않도록 미끄럼 방지 매트를 깔아 준다.

시각장애 영아의 경우는 손으로 만져 컵 모양을 느낄 수 있도록 한다. 영아가 마시고 난 컵을 내려놓을 때 주양육자가 영아의 손을 잡고 도와준다.

◎ 목표행동 성취기준

영아는 두 손바닥으로 컵을 감싸 컵을 들어 올리는 행동을 10회 시도 중 최소 8회 이상 보인다. 이때 컵을 입까지 가져가지 못하거나, 음료를 많이 흘리더라도 목표행동을 성취한 것으로 본다.

7. 목표행동

대변보는 것에 어느 정도 규칙성이 나타난다.

◎ 목표행동 성취의 중요성

이 시기의 영아는 대변이나 소변을 보는 것에 어느 정도 규칙성이 나타나게 된다. 즉, 소변보는 횟수가 줄어들고 그 간격도 2~3시간으로 규칙적이 되며, 대변은 주로 식사 후에 보게 된다. 그러나 아직은 자신이 배설을 조절하는 것이 아니라 자동적인 단계이므로 주양육자는 영아를 변기에 앉히는 것과 같은 훈련에 앞서 영아가 언제 대변과 소변을 보는지 매일 배변 시간을 기록하여 규칙성이 나타나는지 살펴본다. 배변의 규칙성은 배변 훈련을 하기 위해 필요한 가장 기본적인 단계다.

◎ 자료

기저귀

◎ 목표행동 성취를 위한 단계적 지도과정

배변의 규칙성은 훈련되는 기술이라기보다는 배변 훈련을 위한 신체적 · 생리적 준비가 되었는지를 알기 위한 것이다. 주양육자는 영아의 기저귀를 2~3시간 간격으로 확인하여 영아가 얼마나 자주 대변을 보는지 관찰하여 기록하도록 한다. 매일 1회 또는 2일에 1회와 같이 횟수에 관계없이 규칙적으로 대변을 보는 것이 중요하다.

◎ 일상생활에서의 지도과정

영아가 대변을 보는 것이 규칙적이라면 예상되는 시간에 기저귀를 확인하거나, 영아가 불편한 표정이나 몸짓을 하는지 잘 살펴서 기저귀를 갈아 주어 영아가 편안한 상태에서 지낼 수 있도록 해 준다.

◎ 고려사항

대변을 보는 것에 규칙성이 나타난다고 해서 영아를 무리하게 아기 변기에 앉히는 등 배변 훈련을 시도하지 않도록 한다.

◎ 목표행동 성취기준

영아가 식사 후 대변을 보는 것과 같이 최소 일주일 이상 대변을 보는 것에 규칙성이 나타난다.

05 월령: 13~18개월

1. 목표행동

좋아하는 음식이 분명해지고, 싫어하는 음식을 주면 매우 부정적으로 반응한다.

◎ 목표행동 성취의 중요성

영아가 좋아하는 음식과 싫어하는 음식을 구분하는 능력은 영아가 좋고 싫음을 알고 표현하는 능력과도 관련된다. 이는 특별히 배우거나 연습을 통해서 습득하는 데는 한계가 있으므로 주양육자는 영아에게 다양한 음식을 먹어 보게 함으로써 영아 스스로 인지하도록 도움을 준다.

◎ 자료

영아가 특별히 좋아하는 음식과 익숙하지 않은 음식

◎ 목표행동 성취를 위한 단계적 지도과정

step 1 주양육자는 영아에게 어떤 음식을 주었을 때, 영아가 좋아하고 잘 먹는지, 아니면 고개를 돌리거나, 얼굴을 찡그리거나, 혀로 음식을 내미는 등의 부정적인 반응을 보이는지 관찰한다.

step 2 주양육자는 영아가 싫어하는 음식에 대해 거부하는 표현을 자연스럽게 할 수 있도록 유도한다.

step 3 주양육자는 영아가 거부한 다음에는 "○○야, ○○(음식 이름) 맛없어?" 하면서 달래 준다.

◎ 일상생활에서의 지도과정

주양육자는 두세 가지 정도의 음식을 준비하여 영아에게 맛보게 한 다음 영아가 어떤 음식을 좋아하고 어떤 음식을 싫어하는지 관찰한다. 그다음에 줄 때도 똑같은 음식에 대해 영아가 똑같이 반응하는지 살펴보며, 언어적으로 반응해 준다(예: "비스킷 맛있어?" "시금치 맛없어?").

식사 시간이나 간식 시간에 여러 가지 음식 중에서 영아가 원하는 음식을 선택해 볼 수 있는 기회를 준다.

◎ 고려사항

주양육자는 영아가 다양한 음식을 먹을 수 있도록 해 주고, 특별히 좋아하는 음식과 싫어하는 음식을 기억하여 영아의 선호도에 따른 음식 선택을 고려한다. 특히 영아가 싫어하는 음식을 먹도록 강요하지 않도록 주의한다.

영아가 일상적인 음식 또는 영양상 필요한 음식인데도 거부한다면, 대체할 수 있는 음식을 주거나, 시간이 흐른 후에 다시 먹도록 시도해 본다.

◎ 목표행동 성취기준

영아는 특정 음식에 대해 잘 먹거나 거부하는 일관된 행동을 10회 시도 중 최소 8회 이상 보인다.

2. 목표행동

음식을 흘리긴 하더라도 숟가락으로 음식을 떠서 입으로 가져간다.

◎ 목표행동 성취의 중요성

영아는 숟가락을 이용하게 되면서 스스로 음식을 먹는 능력을 길러 나가게 된다. 또한 숟가락을 입으로 가져가는 동안 눈과 손의 협응력을 기르고 소근육 운동기술을 발달시킨다. 숟가락을 이용하는 것은 식사예절을 배우는 데 있어 중요한 과정으로 영아의 사회성 발달에도 영향을 미친다.

◎ 자료

작은 숟가락, 영아가 일상적으로 먹는 음식

◎ 목표행동 성취를 위한 단계적 지도과정

step 1 주양육자는 영아에게 숟가락으로 음식을 먹는 모습을 보여 준다. 형제나 또래가 숟가락으로 음식을 먹는 모습을 보여 주는 것도 도움이 된다.

step 2 주양육자는 영아에게 음식을 보여 준 다음 숟가락을 가리키며 "○○야, 숟가락으로 ○○(음식 이름) 먹어 볼까?" 하면서 떠먹어 보라고 한다.

step 3 영아가 스스로 시도하지 못하면 주양육자는 영아가 먹는 것을 관찰할 수 있으면서도 신체 도움을 줄 수 있는 위치에서 영아가 손으로 숟가락을 잡고, 음식이 있는 곳으로 가져가 음식을 떠 올리고, 입으로 가져가 입을 벌려 음식물을 넣고, 입을 닫아 숟가락을 빼고, 음식물을 씹어 삼키고, 숟가락을 제자리에 놓을 수 있도록 이끌어 준다.

step 4 이러한 과정을 반복하다가 주양육자는 영아가 특별히 어려워하는 부분만 도와주고 점차 도움을 줄여 나간다.

step 5 주양육자는 영아가 숟가락을 사용해서 음식을 입으로 가져갈 수 있게 되면 "우리○○, 참 잘했어요." 하며 칭찬해 준다.

◦ 일상생활에서의 지도과정

간식 시간이나 식사 시간에 숟가락으로 떠 올리기 쉬운 음식(예: 으깬 바나나, 죽)과 함께 숟가락을 준다.

영아가 사람 인형이나 동물 인형에게 숟가락을 이용하여 음식을 먹여 주는 놀이를 한다.

◦ 고려사항

영아의 팔이 너무 많이 들리지 않을 정도 높이의 식탁에서 숟가락을 사용할 수 있도록 한다.

영아는 숟가락을 잡을 때, 성인과 같은 손 모양으로 잡지 못하고 숟가락을 손바닥 전체로 감싸 주먹 모양으로 잡을 수도 있다. 이때 영아가 음식을 쉽게 떠 올릴 수 있도록 고안된 숟가락이나 그릇을 이용할 수 있다.

주양육자는 영아가 스스로 먹으려고 하다가 흘리더라도 혼내지 않고 인내심을 가지고 지켜본다.

식사 시간에 모든 가족이 함께 식사함으로써 영아가 다른 사람이 먹는 것을 볼 수 있도록 한다.

뇌성마비 영아의 경우는 손의 기능이 미숙하여 주양육자가 먹여 주는 경우가 많고, 안전을 고려하여 영아에게 기회를 주지 않는 경우가 많다. 하지만 영아가 숟가락을 잡아 입으로 가져가는 것이 어렵다 하더라도 기회를 주어야 하며, 반복하여 연습하면 영아의 상지기능이 좋아질 수 있다.

시각장애 영아의 경우는 주양육자가 전적으로 도와주기보다는 최소한의 도움으로 스스로 숟가락을 사용하여 음식을 먹을 수 있도록 지도한다.

◦ 목표행동 성취기준

영아는 주양육자의 도움 없이 숟가락으로 음식을 떠서 입으로 가져가 음식을 먹는 행동을 10회 시도 중 최소 8회 이상 보인다. 이때 영아가 음식물을 흘리거나 숟가락 손잡이를 주먹 모양으로 잡더라도 목표행동을 성취한 것으로 본다.

3. 목표행동

떨어뜨릴 것처럼 불안해 보일 수도 있으나 손가락으로 컵의 손잡이를 잡는다.

◦ 목표행동 성취의 중요성

영아가 컵을 들고 음료를 마실 수 있는 능력은 자신의 신체 욕구를 스스로 해결할 수 있음을 말해 준다. 또한 손가락으로 컵의 손잡이를 잡는 것은 두 손으로 컵을 감싸 잡을 때보다 더 정교한 소근육 운동 능력이 필요한 발달과정이다.

◦ 자료

작은 플라스틱 컵(손잡이가 하나 또는 양쪽에 있는 컵), 영아가 좋아하는 음료(예: 물, 과일즙, 플레인 요구르트)

◦ 목표행동 성취를 위한 단계적 지도과정

step 1 영아가 컵 손잡이 부분을 잡는 것을 어려워하면, 주양육자는 영아가 먹는 것을 관찰할 수 있으면서도 신체 도움을 줄 수 있는 위치에서 영아의 한 손 또는 양손을 감싸 잡고, 컵 손잡이를 잡아 함께 들어 올려 준다.

step 2 이러한 과정을 반복하다가 주양육자는 영아가 특별히 어려워하는 부분만 도와주고 점차 도움을 줄여 나간다.

step 3 영아가 컵 손잡이를 잡고 스스로 컵을 들어 올려 음료를 마실 수 있게 되면 "우리○○, 잘했어요." 하며 칭찬해 준다.

◦ 일상생활에서의 지도과정

영아가 목말라하면 주양육자는 영아가 좋아하는 컵에 음료를 담고, 영아가 컵 손잡이를 잡고 들어 올릴 수 있도록 도와준다.

식사 시간 또는 간식 시간마다 매번 컵에 음료를 담아 마시도록 하고, 다른 사람이 컵으로 음료를 마시는 것을 보여 준다.

◦ 고려사항

영아가 똑바로 앉은 자세에서 음료를 주어 질식 위험을 막는다.

영아가 목말라할 때, 컵을 사용하도록 지도하는 것이 효과적이다.

컵으로 음료를 마시는 것을 지도할 때, 컵에 음료를 너무 적게 채우면 영아의 머리가 뒤로 많이 젖혀져 위험하므로 1/2~2/3 정도 채우는 것이 적당하다.

영아가 쉽게 잡을 수 있고, 음료를 흘리지 않도록 고안된 컵을 사용할 수 있다.*

---

* 조윤경(2002). 장애아동의 신변처리 지도. 서울: 서울장애인종합복지관. p. 56.

컵이 쉽게 쓰러지지 않도록
바닥에 무게를 넣은 컵

손잡이가 비뚤게
달려 있는 컵

투명한 컵과 손잡이가 달린
플라스틱 받침으로 되어 있는 컵

시각장애 영아의 경우는 손으로 만져 컵의 모양을 알 수 있도록 한다. 영아의 손을 잡고 언어적 설명과 함께 컵의 손잡이에 대 주어 영아가 스스로 컵을 잡도록 한다. 내려놓을 때는 주양육자가 영아의 손을 잡고 도와준다.

◦ 목표행동 성취기준

영아는 손잡이가 하나 있는 컵을 한 손으로 잡거나, 손잡이가 양쪽에 있는 컵을 양손을 이용하여 잡는 행동을 10회 시도 중 최소 8회 이상 보인다. 이때 컵을 입까지 가져가지 못하거나 음료를 많이 흘리더라도 목표행동을 성취한 것으로 본다.

4. 목표행동

빨대로 음료를 마신다.

◦ 목표행동 성취의 중요성

빨대를 이용하여 음료를 마시는 것은 특히 컵으로 음료를 마시기 어려운 장애영아에게 도움이 된다. 그러나 빨기만 하는 것은 적절한 구강운동을 방해하는 요소가 될 수도 있으므로 적절한 시기가 되면 컵을 이용해 마시도록 도움을 주어야 한다.

◦ 자료

빨대, 컵, 영아가 좋아하는 음료, 팩 음료, 요구르트

◦ 목표행동 성취를 위한 단계적 지도과정

- **step 1** 주양육자는 영아에게 빨대로 음료를 마시는 모습을 보여 준다.
- **step 2** 주양육자는 입에서 빨대를 잠시 떼고, 입으로 무엇인가를 "후웁." 하며 들이마시는 흉내를 낸다.
- **step 3** 주양육자는 컵을 영아 앞으로 가져가 빨대 끝부분을 영아의 입에 넣어 준다.
- **step 4** 주양육자는 영아가 컵에 담긴 음료를 빨대로 빨아들이지 못하면, 팩 음료로 대체하여 시도한다. 팩 음료는 손으로 누르면 음료가 빨대를 타고 올라가기 때문에 영아가 쉽게 음료를 마실 수 있다. 이 단계에 익숙해지면 이전 단계로 돌아가 컵에 든 음료를 마시도록 연습한다.

◦ 일상생활에서의 지도과정

영아가 목말라하면 주양육자는 영아가 좋아하는 컵에 음료를 담고, 영아가 빨대로 마실 수 있도록 도와준다.

간식 시간이나 외출 시 간편하게 먹여야 할 때 빨대로 음료를 마시도록 하며, 다른 사람이 빨대를 사용해 음료를 마시는 것을 보여 준다.

◦ 고려사항

영아가 똑바로 앉은 자세에서 음료를 주어 질식 위험을 막는다.

영아가 좋아하는 캐릭터가 있는 컵, 재미있는 그림과 색깔의 컵을 선택하는 것이 도움이 된다.

매번 빨대를 주기보다는 어느 정도 익숙해지면 빨대 없이 컵에 입을 대고 마시게 하는 것이 구강운동에 도움이 된다.

뇌성마비 영아의 경우는 빨대를 입에 물릴 때, 입 가운데보다는 입 가장자리 쪽에 빨대를 넣고 윗입술과 아랫입술을 다물게 하여 빨대로만 숨을 쉬는 연습을 하게 한 다음 빨대로 음료를 마시도록 지도한다. 영아가 입술 힘이 약한 경우에 입술이 아닌 이로 무는 경우가 있으므로 주의하여 살펴본다.

시각장애 영아의 경우는 주양육자가 빨대로 먹는 것을 말로 설명하고 빨대를 만지게 한 다음 컵 또는 요구르트 병을 영아의 손을 쥐어 주고 빨대를 끼운 후 먹을 수 있도록 한다.

◦ 목표행동 성취기준

영아가 빨대로 음료를 빨아올려 마시는 행동을 10회 시도 중 최소 8회 이상 보인다.

5. 목표행동

모자를 벗는다.

◦ 목표행동 성취의 중요성

영아는 옷 벗기와 같은 일을 스스로 해낼 수 있게 되면서 독립성이 발달된다. 모자는 벗기가 쉽기 때문에 옷을 벗는 것보다 더 일찍 할 수 있다.

◦ 자료

모자

◦ 목표행동 성취를 위한 단계적 지도과정

step 1 외출에서 돌아왔을 때, 주양육자는 영아와 마주 보고 앉아 머리에서 모자를 벗는 것을 보여 준다.

step 2 주양육자는 영아에게 모자를 씌워 주고 영아에게 벗어 보라고 한다.

step 3 영아가 모자를 벗지 못하면 주양육자는 영아의 손을 잡고 위로 올려 모자를 벗겨 준다.

step 4 위의 과정을 반복해도 영아가 스스로 모자를 벗지 못하면 주양육자는 모자 대신 수건을 영아 머리 위에 올려 주고 영아가 집어 내리도록 유도한다.

◎ 일상생활에서의 지도과정

모자를 쓰고 벗으면서 까꿍놀이를 할 수 있다. 주양육자가 영아에게 모자를 씌워 주고 영아가 모자를 벗으면 "까꿍!" 하고 말한다.

거울을 보면서 모자 벗기를 하면 도움이 된다.

놀이 시간에 인형에게 씌워진 모자를 벗겨 보는 것도 도움이 된다.

영아의 머리 위에 수건이나 안전한 놀잇감(예: 고리)을 올려놓은 후 떨어뜨리는 놀이를 해 본다.

외출 시 영아에게 캡 모자, 니트 모자, 베레모, 보닛(턱 아래에서 끈으로 묶는 모자) 등 여러 가지 종류의 모자를 씌워 주고 벗을 수 있도록 해 본다.

◎ 고려사항

영아의 머리 크기에 비해 크고 넉넉한 모자부터 시작하면 헐거워 벗기가 쉽다. 모자 벗기에 익숙해지면 영아의 머리에 맞는 크기의 모자로 시도해 본다.

청각장애 영아의 경우는 주양육자가 영아에게 모자를 보여 준 다음 머리에 쓰면서 "쏙! 모자 쓰네!" 하고 언어적 설명과 함께 행동을 보여 주며, 손으로 모자를 벗을 때도, "어? 모자 없네! 모자 벗어요." 하고 언어적 설명과 함께 벗는 동작을 보여 준다.

◎ 목표행동 성취기준

영아는 머리에 씌워진 모자를 손으로 벗는 행동을 10회 시도 중 최소 8회 이상 보인다.

6. 목표행동

주양육자가 가방을 잡아 주면 가방의 큰 지퍼를 연다.

◎ 목표행동 성취의 중요성

지퍼를 열기 위해서는 엄지와 검지로 지퍼를 잡을 수 있어야 하고, 지퍼를 움직이기 위해서는 손가락 힘이 있어야 하기 때문에 지퍼를 여는 경험은 소근육 운동 능력을 키우는 데 도움이 된다. 처음에는 주양육자가 가방을 잡아 주면 영아가 지퍼를 잡고 여는 것부터 시작하지만, 이후 영아가 한 손으로는 가방을 잡고 다른 한 손으로 지퍼를 여는 것과 같이 양손을 동시에 조절하여 사용하게 된다. 지퍼는 가방뿐 아니라 옷에서도 많이 사용되므로 지퍼를 여는 것은 일상생활을 하는 데 필요한 기술로서 중요하다.

◎ 자료

큰 지퍼가 달린 가방이나 옷(예: 점퍼)

◎ 목표행동 성취를 위한 단계적 지도과정

step 1 주양육자는 큰 지퍼가 달린 가방(또는 옷)의 지퍼를 여는 것을 영아에게 보여 준다. 이때 가방 속에 놀잇감이나 간식을 넣어 두면 영아의 관심을 끌 수 있다.

step 2 주양육자는 영아가 손으로 지퍼를 잡도록 도와준다.

step 3 영아가 지퍼를 잡지 못하면 주양육자는 지퍼에 큰 고리나 줄을 달아 잡기 쉽도록 해 준다.

step 4 영아에게 지퍼를 열어 보라고 했을 때 열지 못하면 주양육자는 영아의 손을 잡고 함께 지퍼를 열어 본다.

step 5 주양육자가 영아와 함께 지퍼를 열다가 영아가 혼자 힘으로 열 수 있다고 생각되면 재빨리 영아의 손에서 주양육자의 손을 뗀다. 이때 주양육자는 가방을 잡아 준다.

○ 일상생활에서의 지도과정

지퍼 달린 옷을 입은 인형을 이용하여 지퍼 여는 놀이를 한다.

지퍼가 달린 가방 속에 재미있는 놀잇감이나 맛있는 간식을 숨기고 찾는 놀이를 한다.

주양육자가 지퍼 달린 옷을 입고 영아를 마주 보게 앉힌 다음, 영아가 주양육자의 옷 지퍼를 열게 하는 놀이를 한다.

영아에게 지퍼 달린 옷을 입히거나 지퍼 달린 가방을 사용하게 하여 지퍼 여는 기회를 많이 갖도록 한다.

○ 고려사항

지퍼 열기를 연습할 수 있는 헝겊책을 이용할 수도 있지만, 영아가 실제로 사용하는 가방이나 옷에 달린 지퍼로 연습하는 것이 더욱 효과적이다.

지퍼를 열기 어려운 영아의 경우는 지퍼 대신 찍찍이가 달린 가방이나 옷을 사용하도록 한다. 찍찍이를 붙이고 떼어 내는 것은 지퍼를 여닫는 동작에 필요한 손 움직임과는 다르지만, 찍찍이를 통해 스스로 가방을 열거나 닫기, 옷을 여미거나 풀기를 해 보는 경험을 쉽게 할 수 있다.

시각장애 영아의 경우는 지퍼에 고리나 끈을 묶어 주어 쉽게 잡을 수 있도록 해 준다. 주양육자가 영아의 손을 잡고 가방을 만지게 하면서 각 부분의 명칭을 설명한 다음 지퍼 부분을 만지게 해 주어 영아가 촉감을 이용하여 가방에서 지퍼를 찾아내도록 한다. 영아의 손을 잡고 반복적으로 연습하여 익숙해지도록 한다.

◦ 목표행동 성취기준

영아는 주양육자가 큰 지퍼가 달린 가방이나 옷을 잡아 주었을 때, 지퍼를 여는 행동을 10회 시도 중 최소 8회 이상 할 수 있다.

06 월령: 19~24개월

1. 목표행동

컵으로 음료를 흘리지 않고 마신다.

◦ 목표행동 성취의 중요성

영아는 스스로 컵을 들고 음료를 마실 수 있게 되면서 주양육자가 먹여 주지 않아도 스스로 자신의 신체적 욕구를 해결할 수 있게 된다. 컵으로 음료를 마시려면 컵을 기울이면서 입술을 적당히 움직이는 협응이 필요하며, 컵을 들어 올리고, 입으로 가져가고, 다시 내려놓는 과정에서 눈과 손의 협응 능력 및 소근육 운동기술을 발달시킬 수 있다. 또한 컵으로 음료를 흘리지 않고 마시는 것은 가정에서나 기관에서, 또는 식당 등에서 자연스럽게 식사하기 위해 필요한 기술이며, 식사예절을 배우는 데 있어 중요한 과정으로 영아의 사회성 발달에도 영향을 미친다.

◎ 자료

컵(손잡이가 없거나 있는 컵), 영아가 좋아하는 음료(예: 물, 우유, 주스)

◎ 목표행동 성취를 위한 단계적 지도과정

step 1 주양육자는 영아와 마주 보고 앉아서 영아에게 컵으로 음료를 마시는 것을 보여 준다.

step 2 주양육자는 영아가 컵으로 음료를 마실 수 있도록 컵을 잡고 기울이는 것을 도와주면서 말로 격려해 준다(예: "꿀꺽" "맛있다").

step 3 영아가 컵으로 음료를 마시는 것을 어려워하면 주양육자는 영아가 먹는 것을 관찰할 수 있으면서도 신체 도움을 줄 수 있는 위치에서 영아가 컵 속에 있는 음료를 보도록 지시한다.

step 4 주양육자는 영아의 팔을 잡고, 컵을 들어 올려 입으로 가져가고, 음료를 마시고, 다시 내려놓도록 움직여 준다.

◎ 일상생활에서의 지도과정

식사 시간 또는 간식 시간마다 매번 컵에 음료를 담아 마시도록 하며, 다른 사람이 컵으로 음료를 마시는 것을 보여 준다.

주양육자와 영아가 주스나 우유, 물 등을 서로 번갈아 마시는 것을 따라 하는 게임을 한다.

또래나 사람 인형, 동물 인형 등과 함께 티파티를 하거나, 소풍 가는 놀이를 한다.

주양육자는 영아와 함께 미지근한 우유에 코코아 가루를 넣어 젓는 활동을 한 다음 만든 코코아를 컵에 담아 마셔 본다.

◦ 고려사항

영아가 똑바로 앉은 자세에서 음료를 주어 질식 위험을 막는다.

컵으로 음료를 마시는 것을 지도할 때, 컵에 음료를 너무 적게 채우면 영아의 머리가 뒤로 많이 젖혀져 위험하므로 1/2~2/3 정도 채우는 것이 적당하다.

투명한 컵을 사용하면 음료가 얼마나 남았는지 영아가 쉽게 알 수 있다.

뇌성마비 영아의 경우는 음료를 흘리기가 쉬우므로 처음에는 1/2 정도의 적은 양을 컵에 담고 마시도록 한다. 영아가 손힘을 잘 조절할 수 있더라도 호흡조절에 어려움이 있을 수 있으므로 주양육자는 주의 깊게 살펴본다.

시각장애 영아의 경우는 손으로 컵 모양을 만져 보도록 해 준다. 영아가 스스로 컵을 잡고 마시도록 한 후 내려놓을 때는 주양육자가 영아의 손을 잡고 도와주거나 컵을 내려놓을 위치를 소리로 알려 준다.

◦ 목표행동 성취기준

영아가 다른 사람의 도움 없이 컵으로 음료를 거의 흘리지 않고 마시는 행동을 10회 시도 중 최소 8회 이상 보인다. 이때 컵을 들어 올리고, 입으로 가져가고, 다시 내려놓는 과정이 성인처럼 자연스럽게 연결되지 않더라도 스스로 컵으로 음료를 마실 수 있으면 목표행동을 성취한 것으로 본다.

2. 목표행동

입을 다물고 음식을 씹으며, 입안에서 음식을 이리저리 돌린다.

◦ 목표행동 성취의 중요성

음식을 씹고 삼키기 위해서는 입을 닫고 혀를 적절히 움직이는 능력이 필요하다. 또한 입을 다물고 음식을 씹는 것은 가정에서나 기관에서, 또는 식당에서 자연스럽게 식사하기 위해 필요한 기술이며, 식사예절을 배우는 데 있어 중요한 과정으로 영아의 사회성 발달에도 영향을 미친다.

◦ 자료

질감이 있는 음식(예: 비스킷, 과일, 밥, 반찬), 그림책 자료(『냠냠 식사 놀이』/기무라 유이치 지음/웅진주니어, 『맛있게 먹어요』/딕브루너 지음/딕부르너코리아)

◦ 목표행동 성취를 위한 단계적 지도과정

step 1 주양육자는 영아에게 음식을 보여 주어 관심을 끌어낸다.

step 2 주양육자가 턱을 크게 위아래로 움직이면서 입을 다물고 음식을 씹는 것을 영아에게 보여 준다. 이때 턱을 위, 아래, 사선 방향으로 움직이며, 입안에서는 혀를 회전하여 움직이면서 음식을 이리저리 돌리는 모습을 보여 준다.

step 3 주양육자는 영아에게 따라서 먹어 보라고 말하고, 이때 "꼭꼭 씹어!" 와 같은 말로 격려해 준다.

step 4 영아가 잘 씹지 못하면 주양육자는 영아의 어금니 쪽으로 음식을 놓고 아래턱을 위로 살짝 눌러 준다. 또는 영아가 잘 씹을 수 있도록 입술과 턱을 살짝 만져 준다.

step 5 영아가 혀로 음식을 이리저리 움직이는 것을 어려워하면 주양육자는 한쪽 볼과 치아 사이에 영아가 좋아하는 음식을 놓아 두고 이를 치아로 씹은 다음에 턱과 혀를 회전하여 음식을 움직일 수 있도록 유도한다.

◦ 일상생활에서의 지도과정

손으로 만져도 되는 음식(예: 비스킷)이라면, 간식 시간이나 식사 시간에 영아가 자유롭게 만지게 하여 친숙하게 느끼도록 한다. 처음 보는 음식도 친숙해지면 거부하지 않고 잘 씹어 먹을 수 있다.

간식 시간이나 식사 시간에 적어도 두세 가지 이상의 다른 질감의 음식을 골고루 주고 영아가 잘 씹을 수 있도록 잘게 잘라 준다.

주양육자는 영아에게 식습관 지도에 관련된 그림책을 자주 읽어 주어 영아가 올바른 식습관을 가지게 한다.

◦ 고려사항

영아가 똑바른 자세로 앉은 자세에서 음식을 주어 질식 위험을 막는다.

영아가 혼자 있을 때 음식을 먹지 않도록 주의하며, 영아가 음식을 먹을 때에는 완전히 씹어서 삼킨 후에 다음 음식을 입에 넣는지 유심히 살펴본다.

시각장애 영아의 경우는 주양육자와 영아가 손인형을 이용해 번갈아 가며 인형의 입에 음식물 모형을 넣어 손을 움직여 인형의 입을 벌렸다 닫았다 하며 음식 먹는 놀이를 한다. 손인형은 보통의 경우 손으로 양팔과 얼굴을 움직이도록 되어 있으나, 목표행동을 연습하기 위해서는 손으로 입을 여닫을 수 있는 얼굴 위주의 말하는 손인형을 사용하도록 한다. 또는 영아가 주양육자의 입에 음식을 넣어 주도록 한 다음 주양육자가 음식을 씹을 때 영아로 하여금 주양육자의 볼을 만지게 하여, 음식을 씹는 턱의 움직임을 느껴 보도록 한다.

◦ 목표행동 성취기준

영아는 치아를 이용하여 음식을 씹는 행동을 10회 시도 중 최소 8회 이상 보인다.

3. 목표행동

순가락을 이용하여 음식을 흘리지 않고 먹는다.

◦ 목표행동 성취의 중요성

영아는 순가락을 이용하게 되면서 스스로 음식을 먹는 능력을 길러 나가게 된다. 또한 순가락을 입으로 가져가는 동안 눈과 손의 협응력을 기르고 소근육 운동 기술을 발달시킨다. 순가락으로 음식을 흘리지 않고 먹는 것은 식사예절을 배우는 데 있어 중요한 과정으로 영아의 사회성 발달에도 영향을 미친다.

◦ 자료

작은 순가락, 영아가 좋아하는 음식(예: 밥, 국, 요구르트, 으깬 감자, 으깬 바나나), 그림책 자료 (『냠냠 쩝쩝 맛있게』/이진아 지음/웅진닷컴, 『잘 먹겠습니다』/조진석 지음/한국어린이육영회, 『내가 먹을래요』/김충원 지음/한국 프뢰벨)

◦ 목표행동 성취를 위한 단계적 지도과정

step 1 주양육자는 영아와 마주 보고 앉아서 영아에게 순가락으로 음식을 먹는 모습을 보여 준다. 형제나 또래가 순가락으로 음식을 먹는 모습을 보여 주는 것도 도움이 된다.

step 2 주양육자는 영아에게 음식을 보여 준 다음 순가락을 가리키면서 "○○야, 순가락으로 ○○(음식 이름) 먹어 볼까?" 하면서 떠먹어 보라고 한다.

step 3 영아가 스스로 시도하지 못하면 주양육자는 영아가 먹는 것을 관찰할 수 있으면서도 신체 도움을 줄 수 있는 위치에서 영아가 손으로 순가락을 잡고, 음식이 있는 곳으로 가져가 음식을 떠 올리고, 입으로 가져가 입을 벌려 음식물을 넣고, 입을 닫아 순가락을 빼고, 음식물을 씹어 삼키고, 숟가락을 제자리에 놓을 수 있도록 이끌어 준다.

step 4 이러한 과정을 반복하다가 주양육자는 영아가 특별히 어려워하는 부분만 도와주고 점차 도움을 줄여 나간다.

step 5 영아가 숟가락를 사용해 음식을 입으로 가져갈 수 있게 되면 "우리 ○○, 잘했어요." 하며 칭찬해 준다.

◦ 일상생활에서의 지도과정

영아가 배고파할 때, 숟가락을 사용하도록 지도하는 것이 효과적이다.

식사 시간에 모든 가족이 함께 식사함으로써 영아가 다른 사람이 먹는 것을 볼 수 있도록 한다.

간식 시간이나 식사 시간에 숟가락으로 떠 올리기 쉬운 음식과 함께 숟가락을 준다. 예를 들어, 밥이나 으깬 감자, 으깬 바나나와 같이 점성이 있어서 숟가락으로 떠 올릴 때 흩어지지 않고 덩어리지는 음식이 좋다.

영아가 사람 인형이나 동물 인형에게 숟가락을 이용하여 음식을 먹여 주는 놀이를 한다. 손인형을 이용하면 입을 벌리고 다무는 것이 크게 보이므로 도움이 된다.

주양육자는 영아에게 평소에 올바른 식습관에 관련된 그림책을 보여 주면서 영아가 숟가락 사용을 자연스럽게 익힐 수 있도록 한다. 교육기관에서는 숟가락 사용법에 대한 그림을 준비해 벽면에 붙여 주는 것도 도움이 된다.

◦ 고려사항

이전 월령단계에서는 점성이 있는 음식을 떠먹는 연습을 했다면, 이 월령단계에서는 좀 더 점성이 없는 음식(예: 밥, 국)을 집중적으로 연습해 보도록 한다.

영아의 팔이 너무 많이 들리지 않을 정도 높이의 식탁에서 숟가락을 사용할 수 있도록 한다.

영아는 숟가락을 잡을 때, 성인과 같은 손 모양으로 잡지 못하고 숟가락을 손바닥 전체로 감싸 주먹 모양으로 잡을 수도 있다. 이때 영아가 음식을 쉽게 떠 올릴 수 있도록 고안된 숟가락이나 그릇을 이용할 수 있다.

주양육자는 영아가 스스로 먹으려고 하다가 흘리더라도 혼내지 않고 인내심을 가지고 지켜본다. 영아의 실수에 대해 혼을 내면, 영아가 스스로 시도하는 것에 대해 자신감을 잃을 수 있으니 주의한다.

뇌성마비 영아의 경우는 바른 자세를 잡아 주는 자세보조 의자에 편안한 자세로 앉힌 후 뇌성마비 영아용 숟가락을 사용하여 먹도록 한다.

시각장애 영아의 경우는 숟가락으로 음식을 먹이기 전에 영아가 숟가락을 만져 보게 하고, 주양육자가 숟가락의 모양과 용도를 설명해 준다. 예를 들어, 영아가 숟가락 손잡이를 만질 때는 "손으로 여기를 잡는 거야." 음식을 담는 부분을 만질 때는 "여기에 음식을 담는 거야." 하고 설명한다. 또한 음식물 형태나 사용법에서 차이는 있으나 포크를 먼저 사용하여 손으로 음식물을 찾고 찍어 올려 입으로 가져가고 내려놓는 기본 연습을 하게 한 다음, 이에 익숙해지면 숟가락으로 바꾸어 준다. 숟가락의 경우 음식을 떠서 먹으려는 과정에서 실수가 많을 수밖에 없으므로 영아에게 흥미와 성취감보다는 좌절감과 거부감 또는 지나치게 의존적인 태도를 갖도록 하기 쉬우니 이를 염두에 두고 지도한다.

◎ 목표행동 성취기준

영아는 주양육자의 도움 없이 숟가락으로 음식을 떠서 입으로 가져가 음식을 먹는 행동을 10회 시도 중 최소 8회 이상 보인다. 이때 숟가락 손잡이를 주먹 모양으로 잡더라도 음식물을 거의 흘리지 않으면 목표행동을 성취한 것으로 본다.

4. 목표행동

먹을 수 있는 것과 먹을 수 없는 것을 구분한다.

○ 목표행동 성취의 중요성

먹을 수 있는 것과 없는 것을 구분하는 능력은 영아의 생존과도 관련되며, 건강한 성장발달을 위해 반드시 필요한 능력이다.

○ 자료

먹을 수 있는 음식(예: 비스킷), 먹을 수 없는 것(예: 놀잇감)

○ 목표행동 성취를 위한 단계적 지도과정

step 1 주양육자는 영아가 먹을 수 있는 음식만 먹는지, 아니면 놀잇감과 같은 먹을 수 없는 것도 먹으려고 하는지 관찰한다.

step 2 영아가 먹을 수 없는 것(예: 블록)을 입에 넣으면, 주양육자는 "블록은 먹는 게 아니야. 가지고 노는 거야." 하고 말하면서 단호한 얼굴 표정을 짓는다. 반대로 영아가 먹을 수 있는 음식을 입에 넣으면, 주양육자는 "맛있는 비스킷 먹었네." 하면서 말로 격려해 준다.

step 3 영아가 계속해서 먹을 수 없는 것을 먹으면 주양육자는 영아의 안전을 위해 영아가 입에 넣을 만한 먹을 수 없는 물건은 치운다.

○ 일상생활에서의 지도과정

영아가 먹을 수 없는 이물질을 입에 넣지는 않는지 주의 깊게 관찰하고, 만약 입에 넣으면 그때마다 입에서 뱉으라고 말해 준다.

◎ 고려사항

영아가 놀잇감 등을 삼키지 않도록 안전에 유의한다.

시각장애 영아의 경우는 먹을 수 있는 것과 먹을 수 없는 것을 손으로 충분히 만져 보며 탐색할 수 있도록 해 준다.

◎ 목표행동 성취기준

영아는 먹을 수 있는 친숙한 음식과 먹을 수 없는 것을 구분하여, 먹을 수 없는 것은 입으로 가져가지 않는 행동을 10회 시도 중 최소 8회 이상 보인다.

5. 목표행동

대부분 적당한 때에 용변 의사를 말로 표현한다.

◎ 목표행동 성취의 중요성

영아가 용변 의사를 말로 표현하는 것은 배변 훈련의 중요한 과정이다. 일반영아의 경우 성인이나 형제자매, 또래의 용변 행동을 관찰하여 자연스럽게 배변 훈련으로 연결된다. 그러나 발달장애 영아의 경우는 배변 훈련을 위한 준비가 이루어지지 않아 배변 훈련을 할 연령이 되어도 용변 행동을 학습하기가 어려운 경우가 많으므로 체계적인 훈련이 필요하다.

◎ 자료

영아용 변기, 그림책 자료(『오줌 쏴아아』/피토와 제르베 지음/웅진닷컴, 『끙끙 응가하자』/이모토 요코 지음/베텔스만, 『한참 갖고 놀다가』/조은수 지음/아이세움, 『똥이 풍덩』/알로나 프랑켈 지음/비룡소, 『누가 내 머리에 똥 쌌어?』/베르너 홀츠바르트 지음/사계절)

목표행동 성취를 위한 단계적 지도과정

step 1 주양육자는 영아가 대소변을 볼 때마다 "쉬" "응가"와 같은 말을 해 주어서 영아가 대소변을 나타내는 말을 잘 알도록 지도한다.

step 2 주양육자는 영아에게 주기적으로 용변 의사가 있는지 물어본다(예: "쉬할래?" "응가 할래?").

step 3 주양육자는 영아의 얼굴 표정이 안절부절못한다거나, 몸에 힘을 주는 것 또는 놀이를 하다가 갑자기 움직이지 않는 것과 같은 용변 욕구가 나타날 때, 용변 의사를 물어본다.

step 4 주양육자는 영아가 용변 의사를 말로 표현할 때마다 "○○, 쉬(또는 응가)하고 싶었구나. 잘했어." 하며 칭찬해 준다.

일상생활에서의 지도과정

주양육자는 영아의 기저귀를 갈 때 "쉬했구나." "응가 했구나."와 같이 쉬, 응가라는 용어를 말해 준다.

주양육자는 영아에게 용변 행동과 관련된 그림책(예: 똥이 풍덩, 누가 내 머리에 똥쌌어)을 보여 주면서 영아가 용변 행동에 친숙해지도록 해 준다.

교육기관에서는 놀이 시간에서 간식 시간으로 바뀔 때, 또는 바깥놀이를 나가기 전 등의 전이 시간에 영아가 화장실에 갔다 오도록 지도하며, 일정한 시간 간격(2시간 정도)으로 영아에게 용변 의사를 물어보도록 한다.

고려사항

주양육자는 영아가 옷에 용변을 보더라도 혼내지 않아야 하며, 수치심을 느끼지 않도록 배려한다.

영아가 교육기관에 다니고 있다면, 배변 훈련은 가정과 기관에서 동시에 진행되어야 한다.

뇌성마비 영아의 경우는 발음이나 발성이 어려울 수 있으므로 눈짓이나 몸짓, 방바닥 두드리기 또는 소리 등으로 의사를 표현하도록 한다.

◎ 목표행동 성취기준

영아가 용변을 표현하는 말인 "응가, 앙, 쉬" 등을 알고, 대소변을 보고 싶다는 의사를 말로 표현하는 행동을 하루 일과 중 최소 5회 이상 보인다.

6. 목표행동

바지나 기저귀가 젖으면 손짓이나 행동으로 표시한다.

◎ 목표행동 성취의 중요성

영아가 용변에 관한 표현을 하는 것은 배변 훈련 준비가 되었다는 것을 의미한다.

◎ 자료

우드락, 남성용 변기와 여성용 변기 그림, 까끌이와 보슬이, 코팅된 영아 사진, 그림책 자료(『응가하자, 끙끙』/최민오 지음/보림, 『어디에 응가할래』/김세실 지음/계림)

◎ 목표행동 성취를 위한 단계적 지도과정

step 1 주양육자는 영아가 바지나 기저귀에 대소변을 봤을 경우 즉시 갈아주어서, 영아가 대소변을 본 바지나 기저귀를 입고 있는 것이 불편하다는 것을 알도록 한다.

step 2 영아가 옷에 용변을 봤을 때, 주양육자는 영아가 알아차릴 수 있도록 돕는다. 예를 들어, 영아에게 응가 냄새가 나지 않는지 물어보거나,

바지나 기저귀 모양을 거울로 보여 주거나, 앉을 때 불편하다는 것을 알려 준다.

step 3 주양육자는 영아가 용변 본 것을 표현할 때마다 "우리 ○○, 쉬(또는 응가)했구나." 하고 다시 한 번 말로 표현해 준다.

◎ 일상생활에서의 지도과정

주양육자는 영아의 기저귀를 갈 때, "쉬했구나." "응가 했구나."와 같이 쉬, 응가라는 용어를 말해 준다.

주양육자는 영아에게 배변에 관련된 그림책을 보여 주면서 영아가 배변에 친숙해지도록 돕는다.

교육기관에서 놀이를 통해 배변 훈련을 한다. 예를 들어, 여아용 변기와 남아용 변기 그림을 코팅하여 우드락에 부착시키고, 변기 부분에 보슬이를 붙여 준다. 변기 주변을 화장실 분위기가 나게 꾸며 주고 영아의 얼굴이 들어간 종이 인형을 만들어 코팅한 뒷면에 찍찍이를 붙여 준다. 영아와 함께 코팅된 인형을 붙여 가며 "안녕! 나는 ○○야! 나는 응가 하러 화장실에 가는 중이야."라며 이야기를 나눈다.*

시각장애 영아의 경우는 주양육자가 함께 인형을 가지고 기저귀를 갈아 주거나 영아용 변기의자에 용변 보는 놀이를 한다.

◎ 고려사항

주양육자는 영아가 옷에 용변을 보더라도 혼내지 않아야 하며, 수치심을 느끼지 않도록 배려한다.

영아가 교육기관에 다니고 있다면, 배변 훈련은 가정과 기관에서 동시에 진행되어야 한다.

---

*삼성복지재단(2003). 삼성어린이집 영아 프로그램. 서울: 다음세대에서 발췌 수정.

◎ 목표행동 성취기준

영아가 바지나 기저귀에 대소변을 봤을 때 주양육자에게 손짓이나 몸짓으로 알리는 행동을 하루 일과 중 최소 5회 이상 보인다.

7. 목표행동

수도꼭지는 주양육자가 틀고 잠그더라도 영아 스스로 비누를 사용하여 손을 씻고 물로 헹군다.

◎ 목표행동 성취의 중요성

손 씻기는 개인의 위생과 관련된 중요한 기본생활습관일 뿐만 아니라, 개인의 청결은 사회생활을 하는 데 있어서도 중요한 부분이다. 또한 손을 씻는 데 필요한 수도꼭지 열기와 닫기, 비누를 집어서 손 문지르기, 흐르는 물에 손 헹구기 등의 활동은 영아의 다양한 소근육 운동기술을 발달시킨다.

◎ 자료

비누, 세면대, 손 씻기 노래(예: '손을 씻어요'), 그림책 자료(『손을 씻어요』/황성혜 지음/한국프뢰벨)

◎ 목표행동 성취를 위한 단계적 지도과정

step 1 영아가 손을 씻지 않으려고 하면 주양육자는 영아의 손에 코를 갖다 대고 "어디 좋은 냄새가 나는지 볼까?"라고 말한 다음 "이게 무슨 냄새야? 냄새가 좋지 않은데?"라고 말한다.

step 2 주양육자는 영아가 다른 사람이 손 씻는 것을 볼 수 있게 한다.

step 3 영아가 스스로 손을 씻지 못하면 주양육자는 영아의 뒤에서 영아의 손을 잡고 손 씻는 것을 도와주며, 손 씻는 과정을 말로 표현해 준다(예: "비누를 집어 올려 보자." "손을 문질러 보자.").

step 4 이때 손을 씻는 느낌에 대해 영아와 함께 이야기 나누거나, 영아가 말을 하기 어렵다면 주양육자가 말로 표현해 준다(예: "손에 물이 흐르니까 간지럽네." "물이 차갑구나.").

step 5 이러한 과정을 반복한 후 주양육자는 영아가 어려워하는 부분만 도와주며, 영아가 스스로 할 수 있다고 생각되면 도움을 점차 줄여 나간다.

step 6 영아가 손을 씻은 다음에는 우리 "○○ 손에서 좋은 냄새가 나네." 하고 칭찬해 준다.

■ 손 씻기를 위해서는 다음과 같은 과제 분석 과정에 따라 지도하면 효과적이다.

① 양 소매를 팔꿈치까지 걷어 올리기
② 수도꼭지 열기
③ 비누 집어 올리기(액체 비누일 경우 펌프 하기)
④ 비누를 손바닥에 묻히기
⑤ 비누 내려놓기
⑥ 양손을 비벼 비누 거품 내기
⑦ 물로 비누 거품 씻어 내기

* 정정진, 강의중(2006). 발달장애 및 영유아를 위한 기초생활 훈련 프로그램. 서울: 특수교육. p. 206에서 발췌 수정.

◦ 일상생활에서의 지도과정

장난감 씻기, 그릇 씻기, 인형 목욕시키기와 같은 물을 이용한 활동을 통해 영아가 자연스럽게 손을 물에 적실 수 있게 한다.

간식 시간이나 식사 시간 전, 바깥놀이(예: 모래놀이)나 손이 더러워지는 활동(예: 핑거페인팅 등의 미술활동, 요리활동) 후, 용변 후에는 항상 손을 씻도록 지도하여 손 씻기를 자연스러운 일과로 만든다.

주양육자는 영아와 함께 손 씻기 노래를 부르면서 손을 씻거나, 손 씻기에 관련된 그림책을 본다.

손에 로션 바르기와 같은 활동은 손을 문지르는 연습을 할 수 있게 하여, 영아가 비누를 묻힌 다음 문지르는 동작을 쉽게 할 수 있도록 돕는다.

◎ 고려사항

딱딱한 고체 비누보다 펌프를 눌러 사용하는 액체로 된 비누를 사용하는 것이 더 쉽다. 고체 비누를 사용할 경우 크기가 크면 영아가 손으로 잡기 어려울 수 있으므로 비누를 작게 자르거나 작아진 비누를 사용하도록 한다.

물이 너무 뜨겁거나 차갑지 않도록 주양육자가 적절하게 조절해 준다.

손 씻기 활동에 대한 언어적 표현을 해 주어 손 씻기 활동이 즐겁고 좋은 경험이라는 느낌을 갖도록 해 준다.

뇌성마비 영아의 경우는 앉기나 서기가 어려우므로 높이가 있는 매트에 옆으로 누워서 물이 담긴 세숫대야나 플라스틱 통에서 손을 씻는 연습을 하도록 한다.

청각장애 영아의 경우는 손 씻기 활동을 할 때, 의성어 및 활동에 대한 언어적 강화를 함께 해 준다. 예를 들어, 손 씻기를 할 때 "쓱쓱싹싹" "뽀드득 뽀드득" 등 다양한 소리를 내며 손을 씻거나, 주양육자가 "○○야, 물이 주룩주룩, 졸졸졸 흐르네. ○○ 손은 반짝반짝하네!" 하고 말해 준다.

시각장애 영아의 경우는 주양육자가 영아의 손에 비누를 건네주거나 비누의 위치를 알려 주도록 한다.

◦ 목표행동 성취기준

영아는 스스로 또는 주양육자가 지시했을 때 도움 없이 비누를 사용하여 손을 씻는 행동을 10회 시도 중 최소 8회 이상 할 수 있다.

8. 목표행동

주양육자가 단추를 풀거나 지퍼를 내리는 것을 도와주면 간단한 위 겉옷을 벗는다.

◦ 목표행동 성취의 중요성

일반적으로 주양육자는 일반영아나 장애영아가 옷을 입고 벗는 것이 미숙하다고 여겨 영아 스스로 옷을 입고 벗어 보게 하기보다는 직접 해 주는 경우가 많다. 이는 충분한 연습을 통해 영아가 스스로 옷 입고 벗기를 할 수 있음에도 양육자에게 의존하게 만든다. 주양육자는 영아 스스로 옷을 입고 벗도록 도와주어 독립성을 키우도록 해야 한다.

◦ 자료

단추나 지퍼로 위에서 아래까지 전체를 열고 닫을 수 있는 상의(예: 조끼, 스웨터, 외투)

◦ 목표행동 성취를 위한 단계적 지도과정

step 1 주양육자는 먼저 시범을 보인 후 영아의 옷과 팔을 잡고 천천히 옷을 벗는 것을 연습해 본다.

step 2 주양육자는 영아의 옷과 팔을 잡거나 가리키면서 "이 손으로 여기를 잡고, 이 손으로는 여기를 잡아 봐. 옷을 당겨서 뒤로 넘겨. 자, 이번에는 이 손으로 이쪽 소매를 잡고 잡아당겨. 이번에는 이쪽 소매를 잡고 잡아 당겨."와 같이 간단하고 명료하게 언어적으로 도움을 준다.

step 3 위의 과정을 반복하여 연습한 후 영아가 스스로 옷을 벗으면 "우리

■ 옷을 벗기 위해서는 다음과 같은 과제 분석 과정에 따라 지도하면 효과적이다.

① 오른손으로 오른쪽 옷깃 잡기
② 왼손으로 왼쪽 옷깃 잡기
③ 양손을 양옆으로 벌리기
④ 양손을 뒤로 젖히기
⑤ 잡고 있는 옷깃 놓기
⑥ 왼손으로 오른쪽 소매단 잡기
⑦ 왼손으로 소매단을 잡아당기면서 오른팔 빼내기
⑧ 왼손을 앞으로 하기
⑨ 오른손으로 왼쪽 소매단 잡기
⑩ 오른손으로 소매단을 잡아당기면서 왼팔 빼내기

* 정정진, 강의중(2006). 발달장애 및 영유아를 위한 기초생활 훈련 프로그램. 서울: 특수교육. p. 114에서 발췌 수정.

○○가 혼자서 옷을 벗었네.” 하고 칭찬해 준다.

◦ 일상생활에서의 지도과정

영아와 함께 옷 입고 벗기 놀이를 한다. 영아가 좋아하는 캐릭터가 그려진 의상을 이용하면 영아의 관심을 끌 수 있다.

외출에서 돌아왔을 때 영아가 충분한 시간을 가지고 혼자서 옷을 벗을 수 있도록 지속적으로 연습한다. 옷 벗는 것을 지도하기 위해 영아에게 일부러 옷을 입혔다가 벗어 보라고 하면 영아가 거부할 수 있으므로 필요시에 지도한다.

평소에 영아가 주양육자나 형제자매, 또래가 옷 벗는 것을 보도록 한다.

◦ 고려사항

소매가 없는 조끼나 반소매 옷부터 시작하여 점차 긴 소매 옷을 시도한다.

인형을 가지고 상의를 벗겨 보는 놀이를 하면, 영아가 옷 벗는 과정을 이해하는데 도움이 된다.

시각장애 영아의 경우는 잡아야 하는 옷깃의 위치와 소매의 끝부분을 찾을 수 있는 방법을 알려 주며 반복하여 연습하도록 한 후 영아 스스로 하게 유도한다.

◦ 목표행동 성취기준

영아는 스스로 또는 주양육자가 지시했을 때 상의의 단추를 풀거나 지퍼를 내리는 것만 도움을 받으면, 소매에서 팔을 빼고 벗는 행동을 10회 시도 중 최소 8회 이상 할 수 있다.

9. 목표행동

앞뒤를 잘 구분하지는 못하지만 허리 부분이 고무줄로 된 바지를 입는다.

◎ 목표행동 성취의 중요성

주양육자는 영아가 스스로 옷을 입고 벗는 일을 할 수 있게 도와주어 영아의 독립성을 길러 주도록 한다. 또한 이 시기에 바지를 입는 것은 양쪽을 번갈아 다리에 끼움으로써 균형감을 기르고, 양손으로 바지를 잡고 다리를 넣음으로써 양손과 다리의 협응력을 길러 준다.

◎ 자료

허리 부분이 고무줄로 된 느슨한 바지

◎ 목표행동 성취를 위한 단계적 지도과정

step 1 주양육자는 먼저 시범을 보인 후 영아의 바지와 다리를 잡고 천천히 바지를 입는 것을 연습해 본다.

step 2 주양육자는 영아의 바지와 다리를 잡거나 가리키면서 "손으로 여기(바지 허리 부분을 가리키며)를 잡아 보자. 이쪽 다리를 여기 바지 구멍에 넣고 바지를 잡아당겨. 발이 나왔네. 일어서 보자. 두 손으로 여기(바지의 허리 부분)를 잡고 끌어올려 봐."와 같이 간단하고 명료하게 언어적으로 도움을 준다.

step 3 주양육자는 점차 도움을 줄여 나가는데, 처음에는 영아가 바지에 다리 넣는 것을 도와주고 바지를 무릎까지 올려 준 후에 영아가 혼자서 바지를 허리까지 올려 보라고 지시한다.

step 4 어느 정도 익숙해지면 영아가 서서 주양육자나 다른 가구를 잡고 바지에 다리를 한쪽씩 넣게 한다.

step 5 위의 과정을 반복하여 연습한 후 영아가 스스로 바지를 입으면 "우리 ○○가 혼자서 바지를 입었네." 하고 칭찬해 준다.

■ 바지를 입기 위해서는 다음과 같은 과제분석 과정에 따라 지도하면 효과적이다.

① 바닥에 앉은 채로 양손으로 바지 허리 부분 잡기
② 오른쪽 발을 바지의 오른쪽 구멍에 넣고 허벅지까지 잡아당기기
③ 양손으로 바지의 오른쪽 종아리 부분을 잡고 발이 나올 때까지 잡아당기기
④ 왼쪽도 동일한 과정으로 다리 넣고 바지 잡아당기기
⑤ 일어서기
⑥ 양손으로 바지의 허리 부분 잡기
⑦ 바지를 허리까지 끌어올리기

* 정정진, 강의중(2006). **발달장애 및 영유아를 위한 기초생활 훈련 프로그램.** 서울: 특수교육. p. 100에서 발췌 수정.

◦ 일상생활에서의 지도과정

외출을 할 때, 옷을 갈아입을 때, 바지가 젖었을 때, 배변 후와 같이 영아가 자연스럽게 옷을 입을 수 있는 상황에서 지도한다. 또는 영아가 낮잠 자고 난 후에 벗어 놓았던 바지를 혼자서 입어 보도록 한다. 옷 입기를 지도하기 위해 영아에게 일부러 옷을 입히려고 하면 영아가 거부할 수 있으므로 필요시에 지도한다.

평소에 주양육자나 형제자매, 또래가 바지 입는 것을 영아가 볼 수 있도록 한다.

영아와 함께 옷 입고 벗기 놀이를 한다. 인형을 가지고 바지를 입혀 보는 놀이를 하면, 영아가 옷 입는 과정을 쉽게 이해할 수 있다. 미키마우스, 슈퍼맨 등의 캐릭터 의상을 이용하면 영아의 관심을 끌 수 있다.

◎ 고려사항

반바지부터 시작하여 점차 긴 바지를 시도한다. 얇고 가벼운 재질의 내복바지나 잠옷바지로 연습하는 것이 더 쉽다.

시각장애 영아의 경우는 주양육자와 영아가 함께 바지를 만져 보며 모양과 각 부분의 명칭에 대해 이야기한다. 영아가 바지를 입는 동안 그 모습을 언어적으로 설명하면서 도움을 주거나 격려해 준다.

◎ 목표행동 성취기준

영아는 허리 부분이 고무줄로 된 느슨한 바지를 주양육자의 도움 없이 바지에 다리를 넣고 허리까지 끌어올려 입는 행동을 10회 시도 중 최소 8회 이상 할 수 있다. 이때 바지의 앞뒤가 바뀌거나, 허리 부분이 비뚤어지거나 접히더라도 목표행동을 성취한 것으로 본다.

07 월령: 25~30개월

1. 목표행동

한 손으로 작은 컵을 들고 음료를 마신다.

◎ 목표행동 성취의 중요성

영아는 스스로 컵을 들고 음료를 마실 수 있게 되면서 양육자가 먹여 주지 않아도 스스로 자신의 신체 욕구를 해결할 수 있게 된다. 특히 한 손만으로 컵 손잡이를 잡거나, 컵을 감싸 쥐고 음료를 마시기 위해서는 손힘이 강해야 하며, 근육의 움직임도 잘 조절해야 한다. 이러한 과정을 통해 이전보다 자연스러운 동작으로 컵을 사용할 수 있게 된다.

◎ 자료

컵(손잡이가 없거나 있는 컵), 영아가 좋아하는 음료(예: 물, 우유, 주스)

◦ 목표행동 성취를 위한 단계적 지도과정

step 1 주양육자는 영아와 마주 보고 앉아서 영아에게 한 손으로 컵을 들고 음료를 마시는 것을 보여 준다.

step 2 주양육자는 영아가 한 손으로 컵을 들고 음료를 마실 수 있도록 말로 격려해 준다(예: "여기 손잡이를 잡고 들어 봐.").

step 3 영아가 한 손으로 컵을 들고 음료를 마시는 것을 어려워하면, 주양육자는 영아의 뒤에서 영아가 컵 속에 있는 음료를 보도록 지시한다.

step 4 주양육자는 영아의 한쪽 팔을 잡고, 컵을 들어 올려 입으로 가져가고, 음료를 마시고, 다시 내려놓도록 움직여 준다.

step 5 영아가 매번 두 손으로 컵을 잡으려고 하면, 컵을 들지 않는 나머지 손에 장난감이나 비스킷 등을 쥐어 준다.

◦ 일상생활에서의 지도과정

영아가 목말라할 때, 컵을 사용하는 것을 지도하는 것이 효과적이다.

식사 시간 또는 간식 시간마다 매번 컵에 음료를 담아 마시도록 하며, 평소에 다른 사람이 컵으로 음료를 마시는 것을 보여 준다.

주양육자와 영아가 주스나 우유, 물 등을 서로 번갈아 마시는 것을 따라 하는 게임을 한다.

또래나 사람 인형, 동물 인형 등과 함께 티파티를 하거나, 소풍 가는 놀이를 한다.

◦ 고려사항

영아가 똑바로 앉은 자세에서 음료를 주어 질식 위험을 막는다.

음료를 마시는 것을 지도할 때, 컵에 음료를 너무 적게 채우면 영아의 머리가 뒤로 많이 젖혀져 위험하므로 1/2~2/3 정도 채우는 것이 적당하다.

투명한 컵을 사용하여 음료가 얼마나 남았는지 영아가 쉽게 알 수 있도록 한다.

실패했을 때 자극을 주기보다 성공했을 때 칭찬을 해 주어 영아가 즐겁게 컵을 사용하여 물을 마실 수 있도록 돕는다.

뇌성마비 영아의 경우는 손힘이 약하고 한 손으로 컵을 들기 어려우므로 양손잡이 컵을 사용하여 물을 마시도록 한다.

시각장애 영아의 경우는 손으로 컵과 손잡이의 모양을 알 수 있도록 주양육자가 영아의 손을 잡고 컵을 만지면서 탐색해 보도록 도와준다. 또한 물 또는 음료를 마신 후 컵을 잡지 않은 손으로 컵을 내려놓을 곳을 찾도록 한 후 컵을 천천히 내려놓게 한다.

◦ 목표행동 성취기준

영아가 한 손으로 컵을 들고 음료를 거의 흘리지 않고 마시는 행동을 10회 시도 중 최소 8회 이상 할 수 있다. 이때 한 손으로 컵을 감싸 쥐는 경우와 컵의 손잡이를 잡는 경우 모두 목표행동을 성취한 것으로 본다.

2. 목표행동

도움을 받아 신발을 신는다.

◦ 목표행동 성취의 중요성

주양육자는 처음에는 영아가 신발을 신을 수 있도록 돕다가 점차 도움을 줄여 스스로 하도록 지도함으로써 독립심을 길러 준다.

◦ 자료

신발(예: 운동화, 구두)

◦ 목표행동 성취를 위한 단계적 지도과정

step 1 주양육자는 영아를 바닥에 앉히고 영아에게 발을 신발에 넣어 보라고 말한다.

step 2 주양육자는 먼저 시범을 보인 후 영아의 발과 신발을 잡고 천천히 신발을 신는 것을 연습해 본다.

step 3 주양육자는 영아의 발과 신발을 잡거나 가리키면서 "손으로 여기(신발 볼 부분)를 잡고 벌려 봐. 이제 발을 신발에 넣어. 이 손으로 신발 뒤를 잡고 끌어당겨." 와 같이 간단하고 명료하게 언어적으로 도움을 준다.

■ 신발 신기를 위해서는 다음과 같은 과제분석 과정에 따라 지도하면 효과적이다.

① 양손으로 오른쪽 신발 볼 부분을 잡아 벌리기
② 신발 속에 오른발 밀어넣기
③ 오른손 엄지를 신발 안으로 넣어 뒷축 잡기
④ 신발 뒷축을 잡아당겨 오른발을 완전히 넣기
⑤ 왼발도 동일한 과정으로 신기

* 정정진, 강의중(2006). 발달장애 및 영유아를 위한 기초생활 훈련 프로그램. 서울: 특수교육. p. 86에서 발췌 수정.

◦ 일상생활에서의 지도과정

신발 신는 것은 외출을 하기 전에 하는 것이 효과적이다.

교육기관에서는 역할놀이 영역에 여러 가지 신발(예: 운동화, 구두, 고무신, 장화)을 준비해 두어 영아가 신발을 신고 벗을 수 있도록 한다.

신발 가게 놀이를 하면서 신발을 신고 벗는 연습을 자연스럽게 하게 한다.

◦ 고려사항

영아에게 끈으로 묶는 신발보다는 찍찍이로 떼었다 붙일 수 있는 신발이나 아무런 장치가 없는 신발을 주도록 하며, 너무 꽉 맞거나 작은 신발보다는 조금 넉넉한 신발로 연습하게 한다. 이때 영아가 좋아하는 색이나 캐릭터가 그려진 신발을 이용하면 영아의 관심을 끌 수 있다.

시각장애 영아의 경우는 신발의 찍찍이를 떼었다 붙였다 할 때 나는 소리를 좋아하고 흥미를 가지는데, 이렇게 영아가 좋아하며 주로 신는 신발을 이용하여 연습하면 더욱 효과적이다.

◦ 목표행동 성취기준

영아는 스스로 또는 지시했을 때 신발을 신으려고 시도하며, 주양육자가 도움을 주면 신발을 끝까지 신는 행동을 10회 시도 중 최소 8회 이상 할 수 있다. 이때 주양육자가 영아의 발을 신발에 넣어 주면 영아가 발을 아래로 눌러 신발을 신거나, 영아가 발을 신발에 넣으면 주양육자가 영아의 뒤꿈치를 넣어 주더라도 목표행동을 성취한 것으로 본다.

3. 목표행동

바지를 발끝에 입혀 주면 혼자서 허리까지 올린다.

○ 목표행동 성취의 중요성

영아는 스스로 옷을 입는 자조기술을 습득하면서 독립성과 성취감을 기를 수 있다.

○ 자료

하의(예: 느슨한 바지, 내복, 팬티)

○ 목표행동 성취를 위한 단계적 지도과정

step 1 주양육자는 영아가 바지에 다리 넣는 것을 도와주고, 바지를 발끝에 입혀 준 후에 영아가 혼자서 허리까지 올려 보라고 한다.

step 2 주양육자는 영아가 몸을 굽혀 손으로 바지의 허리 부분을 잡도록 이끌어 준다.

step 3 영아가 바지를 허리까지 끌어올리지 못하면 주양육자는 영아의 손을 잡고 함께 끌어올려 주는 것을 여러 번 반복한다. 처음에는 무릎까지만 끌어올리는 것을 연습할 수 있다.

○ 일상생활에서의 지도과정

외출을 할 때, 옷을 갈아입을 때, 화장실에서 배변을 본 후와 같이 영아가 자연스럽게 옷을 입을 수 있는 상황에서 지도한다. 또는 영아가 낮잠을 자고 일어나면 벗어 놓았던 바지를 혼자서 입어 보도록 한다. 옷 입기를 지도하기 위해 영아에게 일부러 옷을 입히려고 하면 영아가 거부할 수 있으니 필요시에 지도한다.

영아와 함께 옷 입고 벗기 놀이를 해 본다. 영아가 좋아하는 캐릭터가 그려진 의상을 이용하면 영아의 관심을 끌 수 있다.

인형을 가지고 바지를 입혀 보는 놀이를 하면, 영아가 옷 입는 과정을 이해하는 데 도움이 된다.

○ 고려사항

반바지부터 시작하여 점차 긴 바지를 시도한다.

시각장애 영아의 경우는 처음에는 무릎까지 끌어올려 준 다음 영아가 무릎부터 허리까지 올리도록 지도하고, 익숙해지면 발목부터 허리까지 끌어올리도록 한다.

○ 목표행동 성취기준

영아는 허리 부분이 고무줄로 된 느슨한 바지를 주양육자가 발끝에 입혀 주면 주양육자의 도움 없이 허리까지 끌어올려 입는 행동을 10회 시도 중 최소 8회 이상 할 수 있다. 이때 허리 부분이 비뚤어지거나 접히더라도 목표행동을 성취한 것으로 본다.

4. 목표행동

허리 부분이 고무줄로 된 바지를 혼자서 벗는다.

○ 목표행동 성취의 중요성

영아는 스스로 옷을 입고 벗는 자조기술을 습득하면서 독립성과 성취감을 기를 수 있다.

○ 자료

하의(예: 허리 부분이 고무줄로 된 느슨한 바지, 내복 팬티)

◎ 목표행동 성취를 위한 단계적 지도과정

step 1 주양육자는 먼저 시범을 보인 후 영아의 바지와 다리를 잡고 천천히 바지 벗는 것을 연습해 본다.

step 2 주양육자는 영아의 바지와 다리를 잡거나 가리키면서 "손으로 여기(바지 허리 부분) 잡아. 이제 바지를 밑으로 내려 보자. 앉아 봐. 여기(바지 아랫단) 잡고 잡아당겨. 발이 나왔네."와 같이 간단하고 명료하게 언어적으로 도움을 준다.

step 3 위의 과정을 반복하여 연습하며, 주양육자는 점차 도움을 줄여 나간다.

step 4 영아가 스스로 바지를 벗으면 "우리 ○○가 혼자서 바지를 벗었네." 하고 칭찬해 준다.

■ 바지 벗기를 위해서는 다음과 같은 과제분석 과정에 따라 지도하면 효과적이다.

① 선 채로 양손으로 바지 허리 부분 잡기
② 바지를 무릎 아래까지 내리기
③ 앉기
④ 오른손(또는 양손)으로 오른쪽 바지 아랫단 잡기
⑤ 아랫단을 잡아당기면서 오른발 빼내기
⑥ 왼쪽도 동일한 과정으로 바지 벗기

* 정정진, 강의중(2006). 발달장애 및 영유아를 위한 기초생활 훈련 프로그램. 서울: 특수교육. p. 97에서 발췌 수정.

◎ 일상생활에서의 지도과정

외출을 하거나 돌아왔을 때, 옷을 갈아입을 때, 화장실에서 배변을 보기 전과 같이 영아가 자연스럽게 옷을 벗을 수 있는 상황에서 지도한다. 옷 벗기를 지도하기 위해 영아에게 일부러 옷을 벗도록 하면 영아가 거부할 수 있으니 필요시에 지도한다.

평소에 주양육자나 형제자매, 또래가 바지 벗는 것을 영아가 볼 수 있도록 한다.

인형을 가지고 바지를 입혀 보는 놀이를 하면, 영아가 옷 입는 과정을 이해하는데 도움이 된다.

◦ 고려사항

반바지부터 시작하여 점차 긴 바지를 시도한다.

◦ 목표행동 성취기준

영아는 허리 부분이 고무줄로 된 느슨한 바지를 주양육자의 도움 없이 벗는 행동을 10회 시도 중 최소 8회 이상 할 수 있다.

5. 목표행동

손을 씻은 후 혼자서 수건에 닦는다.

◦ 목표행동 성취의 중요성

손을 씻고 닦는 것은 가장 기초적인 기본생활습관 중의 하나이며, 개인위생과도 관련되므로 중요하게 지도되어야 할 부분이다.

◦ 자료

물, 수건, 그림책 자료(『손을 씻어요』/황성혜 지음/한국프뢰벨)

◦ 목표행동 성취를 위한 단계적 지도과정

step 1 영아가 손을 씻은 후에, 주양육자는 영아에게 수건을 주고 닦아 보라고 한다. "손을 씻었더니 손이 젖어 있는데 어떻게 하지? 여기 부드러운 수건이 있네. 수건으로 닦자." 하고 말한다. 수건이 고리에 걸린 채로 닦을 수도 있고, 고리에서 빼내어 닦고 다시 걸어 놓을 수도 있다.

step 2 영아가 수건으로 손을 잘 닦지 못하면 주양육자는 수건에 손을 문질러 닦는 것을 보여 준다.

step 3 영아의 손에 수건을 쥐어 주고 손을 문질러 닦을 수 있도록 주양육자가 영아의 손을 잡고 이끌어 준다.

step 4 수건을 잡고 문질러 닦은 후에는 수건을 원래 있던 곳에 정리하도록 지도한다.

◎ 일상생활에서의 지도과정

간식 시간이나 식사 시간 전, 바깥놀이(예: 모래놀이)나 손이 더러워지는 활동(예: 핑거페인팅 등의 미술활동, 요리활동) 후, 용변 후에는 항상 손을 씻도록 지도하여 손 씻기를 자연스러운 일과로 만든다.

교육기관에서는 반복적으로 이루어지는 활동이므로 사진으로 구성된 손 씻기 순서도를 화장실 벽면에 붙여 두고 그에 맞게 행동할 수 있도록 돕는다.

◎ 고려사항

수건은 영아의 손이 쉽게 닿을 수 있는 곳에 걸어 둔다.

교육기관과 같이 여러 명의 영아가 같이 생활하는 경우에는 수건에 영아의 이름을 표시하여 서로 섞이지 않도록 한다.

글씨를 모르는 영아가 자신의 이름을 인지할 수 있도록 상징그림(예: 과일 그림, 동물 그림)을 붙여 두어 자신의 수건을 찾아서 사용할 수 있게 한다. 영아가 좋아하는 캐릭터가 있는 수건, 재미있는 그림과 색깔의 수건을 선택하는 것이 도움이 된다.

뇌성마비 영아의 경우는 수건을 잡기가 어려우므로 수건을 벽에 걸어 놓거나 고정시켜 놓고 손을 닦도록 한다.

시각장애 영아의 경우는 주양육자가 영아의 손을 잡고 수건으로 손을 닦는 방법을 알려 준 후 수건으로 손을 닦도록 지시한다. 수건이 있는 곳으로 손을 이끌어 주거나 수건이 있는 위치를 소리로 알려 준다.

◎ 목표행동 성취기준

영아는 스스로 또는 지시했을 때 손을 씻은 후 주양육자의 도움 없이 수건에 닦는 행동을 10회 시도 중 최소 8회 이상 보인다.

6. 목표행동

규칙적으로 변기에 앉혀 주면 소변이나 대변을 본다.

◎ 목표행동 성취의 중요성

주양육자가 영아를 규칙적으로 변기에 앉혀 주어 소변이나 대변을 볼 수 있도록 하는 것은 배변 훈련의 중요한 과정이다. 이러한 배변 훈련을 통해 영아는 스스로 배변의 욕구를 인식하고 해결할 수 있게 된다.

◎ 자료

영아용 변기, 그림책 자료(『혼자 쉬해요』/캐런 지음/중앙출판사)

◎ 목표행동 성취를 위한 단계적 지도과정

step 1 주양육자는 일과 중에 2~3시간 간격으로 영아를 변기에 앉힌 후 "이제 쉬(응가)할 시간이야."라고 말한다.

step 2 주양육자는 영아를 변기에 앉히기 20~30분 전쯤에 물을 마시게 하여 영아가 소변을 잘 보도록 해 준다.

step 3 주양육자는 규칙적인 간격으로 영아를 변기에 앉혀 보는 것과 동시에, 영아가 소변이나 대변의 욕구가 있는지 잘 살펴본다. 예를 들어, 영아가 "쉬" 또는 "응가"와 같은 말을 하거나, 소변이나 대변이 마려운 얼굴 표정을 짓거나, 몸을 안절부절못할 경우 영아를 화장실로 데려가 변기에 앉혀 준다.

step 4 주양육자는 영아가 소변이나 대변을 보면 말로 칭찬해 주며, 실수를 하더라도 혼내지 않는다.

◎ 일상생활에서의 지도과정

잠자기 전, 외출 또는 바깥놀이 전, 잠에서 깬 후 영아에게 화장실에 가고 싶은지 물어본다.

인형을 가지고 변기를 이용하는 놀이를 한다(예: "○○가 쉬하고 싶은가 봐. 화장실에 데리고 갈까?").

주양육자는 영아와 함께 배변 훈련과 관련된 그림책(예: 혼자 쉬해요)을 보며 배변을 하기 위해 어떻게 해야 하는지 이야기 나눈다.

◎ 고려사항

배변 훈련을 할 때 또래의 다른 영아가 화장실을 이용하는 것을 보는 것이 도움이 된다.

영아가 변기에 앉았을 때 발이 바닥에 닿을 정도로 영아의 몸에 맞는 크기와 높이의 변기를 사용하여야 영아가 편안하게 느낄 수 있다. 영아의 높이에 맞는 변기가 없다면, 성인용 변기 아래 바닥에 높이가 있는 단을 두어 영아의 발이 닿을 수 있게 해 준다.

영아가 교육기관에 다니고 있다면, 배변 훈련은 가정과 기관에서 동시에 진행한다. 화장실 벽면에 배변을 하고 있는 그림이나 사진자료를 게시해 두면 도움이 되는데, 이때 그림자료보다는 사진자료가 더욱 효과적이다.

이 시기의 영아는 배변 시 화장실에 가는 것을 두려워할 수 있으므로, 화장실은 문이 없거나 열린 화장실을 이용하여 주양육자가 함께 있어 준다. 배변 훈련 시 칭찬을 하여 영아의 행동을 강화시켜 준다.

뇌성마비 영아의 경우는 좌변기에 앉는 자세가 불안할 수 있으므로, 좌변기 옆에 지지대를 만들어 주거나 좌변기에 앉을 때 허리를 벨트로 고정시켜 안정된 자세를 만들어 주도록 한다.

뇌성마비 영아를 위한 좌변기 지지대

장애영아의 경우는 현재 발달월령에 맞추어 대소변 훈련에 대한 준비가 되어 있는지 충분히 점검한 후 시도한다. 예를 들어, 잠자기 전에 음료 등을 마시지 않고 잤을 때 다음 날 아침에 기저귀에 소변을 보지 않았거나, 소량만 봤다면 소변 훈련에 들어가도 좋다.

◎ 목표행동 성취기준

잠자는 시간 이외에 영아를 규칙적으로 변기에 앉혀 주었을 때, 10회 시도 최소 8회 이상 소변이나 대변을 본다.

08 월령: 31~36개월

1. 목표행동

주전자에 든 물을 흘리거나 넘치지 않고 컵에 따른다.

○ 목표행동 성취의 중요성

컵에 물을 따르는 것은 일상생활에 필요한 기본적인 기술이며, 소근육 운동의 조절, 공간 지각력 등과 관련된다.

○ 자료

물이 든 작고 가벼운 주전자 또는 물병, 컵, 마른 행주

○ 목표행동 성취를 위한 단계적 지도과정

step 1 주양육자는 물이 든 주전자와 컵을 영아 앞에 놓고, 영아에게 물을 어

떻게 따르는지 천천히 시범을 보여 준다.

step 2 영아에게 따라 해 보라고 한 후 어려워하면 주양육자는 영아의 손을 잡고 물을 따르는 것을 함께 반복하여 연습한다.

step 3 주양육자는 처음에는 영아가 주전자를 잡도록 하고 팔을 위로 움직여 주전자를 기울이며, 주전자 입구를 컵에 잘 맞출 수 있도록 유도한다. 주전자를 잡을 때에는 손잡이를 잡거나, 두 손으로 주전자를 감싸 들 수 있다.

step 4 주양육자는 영아에게 "천천히 따라 봐." "팔을 기울여." "이제 그만." 과 같은 말로 도움을 준다.

◎ 일상생활에서의 지도과정

소꿉놀이를 할 때, 물이 담기지 않은 주전자를 컵에 따르는 시늉을 하는 놀이를 한다. 예를 들어, 소꿉놀잇감으로 주전자, 다양한 종류의 컵(예: 주스 컵, 커피잔)을 제공하여 우유, 코코아, 커피, 오렌지 주스 등을 파는 음료가게 놀이를 한다. 가족이나 친구에게 음료를 주문 받아 음료를 만드는 흉내(예: 주전자에 우유가 있다고 가정하고 주전자에 있는 우유를 컵에 따르는 시늉)를 내고 직접 가져다주는 놀이를 한다.

실내에서 화분을 기를 경우 영아가 물조리개를 이용하여 화분에 물을 주도록 한다. 실외에서도 화단에 물을 주도록 해 본다.

모래놀이나 물놀이를 할 때, 목욕을 할 때 놀잇감 주전자를 이용하여 물을 퍼 담고 따르도록 한다.

간식 시간이나 식사 시간마다 영아가 자신이 마실 물을 스스로 따르게 하고 가족이나 친구의 컵에도 물을 따를 수 있게 해 준다.

◦ 고려사항

영아에게 처음 시도해 보도록 할 때는 컵에 모두 따르더라도 넘치지 않을 정도의 물만 주전자에 담아 준다. 물 따르는 것을 충분히 연습하여 주전자를 기울이는 것이 자연스러워지면 주전자에 더 많은 양의 물을 담아 준다. 이때 무겁거나 깨지기 쉬운 주전자, 뜨거운 물은 사고 발생 위험이 있으므로 피한다.

뇌성마비 영아의 경우는 처음부터 주전자를 잡고 물을 따르기가 어려우므로 주양육자가 주전자를 같이 잡고 영아가 힘을 조절할 수 있도록 보조해 준다. 영아가 스스로 힘을 조절할 수 있으면 도움의 정도를 점점 줄여 나간다.

시각장애 영아의 경우는 주전자 대신 컵을 사용하여 물 따르기를 익히도록 한다. 오른손을 주로 사용하는 영아의 경우 오른손으로 물이 담긴 컵을 잡고 왼손으로 빈 컵을 잡도록 하고 연습한다. 이때 왼손으로는 손바닥을 컵에 대고 감싸는 것이 아니라 엄지와 나머지 손가락으로 나누어 컵의 입구를 잡는데, 엄지는 컵 입구 바깥쪽에 대고 네 손가락은 컵의 안쪽을 잡도록 한다(경우에 따라 엄지와 네 손가락의 위치를 바꾸어도 좋다). 물이 담긴 컵을 빈 컵 가까이 가져가 컵 입구에 대고 조금씩 천천히 부으며 손가락 끝에 물이 닿는 느낌으로 컵의 물이 넘치지 않게 따르도록 한다. 물이 부어지는 동안 천천히 "하나, 둘, 셋" 하고 수를 세어 주어도 좋

다. 익숙해지면 네 손가락 대신 엄지 또는 검지 하나만을 컵 안쪽에 대고 물이 넘치는지를 가늠하게 하며, 물이 담긴 컵 대신 작은 주전자를 사용하도록 한다.

◦ 목표행동 성취기준

영아는 주전자 손잡이를 잡거나, 두 손으로 주전자를 감싸 들고 기울여 컵에 물을 따르는 행동을 10회 시도 중 최소 8회 이상 할 수 있다. 이때 물이 컵 밖으로 넘치지 않아야 목표행동을 성취한 것으로 본다.

2. 목표행동

잠그는 것만 도와주면 혼자 위 겉옷을 입는다.

◦ 목표행동 성취의 중요성

영아는 스스로 옷을 입고 벗는 지근기술을 습득하면서 독립성과 성취감을 기를 수 있다.

◦ 자료

입고 벗기 간편하고 느슨한 겉옷 상의(예: 점퍼, 코트), 큰 봉제인형

◦ 목표행동 성취를 위한 단계적 지도과정

step 1 주양육자는 영아에게 옷을 입어 보라고 한 후 영아가 옷을 어떻게 입는지 모르면 주양육자가 영아에게 천천히 말로 설명하면서 옷 입는 것을 도와준다.

step 2 주양육자는 한 손으로는 옷을 잡고, 다른 손으로는 영아의 손을 잡아 소매에 넣을 수 있도록 해 주며 “옷(오른편 앞깃)을 잡고, 이쪽 손(오른

손)을 소매에 넣어. 이제 잡아당겨."와 같이 간단하고 명료하게 언어적으로 도움을 준다.

step 3 영아가 잘 협조하고 익숙해지면 주양육자는 옷만 들고 영아에게 팔을 넣어 보라고 한다.

step 4 영아가 스스로 옷을 입으려는 시도를 더 많이 하고 어느 정도 익숙해지면, 주양육자는 도움을 점차 줄여 나간다.

■ 겉옷 입기를 위해서는 다음과 같은 과제분석 과정에 따라 지도하면 효과적이다.

① 오른손으로 옷의 목 부분 들기

② 왼손으로 오른쪽 앞깃 잡고 오른쪽 어깨에 걸치기

③ 오른손을 오른쪽 소매에 넣고 왼손으로 옷깃을 잡아당겨 오른팔을 완전히 넣기

④ 왼팔도 동일한 과정으로 입기

* 정정진, 강의중(2006). **발달장애 및 영유아를 위한 기초생활 훈련 프로그램.** 서울: 특수교육. p. 118에서 발췌 수정.

◦ 일상생활에서의 지도과정

영아와 함께 옷 입고 벗기 놀이를 한다. 영아가 좋아하는 캐릭터가 그려진 의상을 이용하면 영아의 관심을 끌 수 있다.

외출을 할 때, 옷을 갈아입을 때와 같이 영아가 자연스럽게 옷을 입을 수 있는 상황에서 지도한다. 옷 입기를 지도하기 위해 영아에게 일부러 옷을 입히려고 하면 영아가 거부할 수 있으니 필요시 지도한다.

영아가 옷 입기를 성공했을 때 많은 칭찬을 해 주어 영아에게 옷 입기 활동이 재미있는 것이라는 인식을 심어 준다.

큰 봉제인형을 가지고 공주 드레스, 성인용 셔츠, 영아용 겉옷 등을 입혀 보는

놀이를 하면, 영아가 옷 입는 과정을 이해하는 데 도움이 된다.

◎ 고려사항

영아가 옷을 입을 때 시간이 오래 걸리더라도 주양육자는 인내심을 가지고 기다리며, 영아가 좌절감을 느끼지 않도록 적절히 도와준다.

처음에는 짧은 소매 셔츠 등으로 연습해 본다. 이때 영아의 치수보다 조금 더 큰 옷을 이용하는 것이 도움이 된다.

시각장애 영아의 경우는 주양육자가 영아의 손을 잡고 함께 점퍼 또는 코트를 만져 보며 옷의 모양과 각 부분의 명칭에 대해 충분히 이야기한 다음 옷을 입도록 한다. 앞서 제시된 목표행동 성취를 위한 과제분석 지도과정의 순서를 후진법을 사용하여 거꾸로 제시하는 것도 좋다. 예를 들어, 주양육자가 영아와 함께 과제분석 단계의 ①~③까지를 도와준 후 ④를 영아 스스로 하도록 하고 익숙해지면, 다시 ①과 ②까지만 도와주고 ③, ④를 영아가 하고, ①만 도와주고 ②, ③, ④를 영아가 스스로 하게 하여 ①, ②, ③, ④의 과정을 익히도록 한다.

◎ 목표행동 성취기준

영아는 주양육자의 도움 없이 겉옷 상의를 혼자서 입는 행동을 10회 시도 중 최소 8회 이상 보인다. 이때 단추를 채우거나 지퍼를 올리는 것은 주양육자가 도와주더라도 목표행동을 성취한 것으로 본다.

3. 목표행동

신발 좌우를 바꾸어 신기도 하지만 혼자서 신발을 신는다.

◎ 목표행동 성취의 중요성

신발 신기는 하루 일과 중에서 여러 번 일어나는 일상생활에 필요한 기술로, 영아는 스스로 신발을 신을 수 있게 되면서 독립성을 길러 나간다.

◎ 자료

신발(예: 운동화, 구두)

◎ 목표행동 성취를 위한 단계적 지도과정

step 1 주양육자는 영아를 바닥에 앉히고 영아의 발을 신발에 넣어 보라고 말한다.

step 2 주양육자는 먼저 시범을 보인 후 영아의 발과 신발을 잡고 천천히 신발을 신는 것을 연습해 본다.

step 3 주양육자는 영아의 발과 신발을 잡거나 가리키면서 "손으로 여기(신발 볼 부분)를 잡고 벌려 봐. 이제 발을 신발에 넣어 볼까? 이 손으로 신발 뒤를 잡고 끌어당겨." 와 같이 간단하고 명료하게 언어적으로 도움을 준다.

step 4 영아가 좌우를 반대로 신었을 경우 "신발의 짝꿍이 바뀌었네. 이렇게 신으면 발이 불편하대. 신발을 바르게 신어 보도록 하자." 하고 영아에게 쉽게 알려 준다.

step 5 위 과정을 반복 연습하고 영아 스스로 신발을 신으려는 시도를 더 많이 하여 익숙해지면, 주양육자는 도움을 점차 줄여 나간다.

■ 신발 신기를 위해서는 다음과 같은 과제분석 과정으로 지도하면 효과적이다.

① 양손으로 오른쪽 신발 볼 부분을 잡아 벌리기
② 신발 속에 오른발 밀어넣기
③ 오른손 엄지를 신발 안으로 넣어 뒷축 잡기
④ 신발 뒷축을 잡아당겨 오른발을 완전히 넣기
⑤ 왼발도 동일한 과정으로 신기

* 정정진, 강의중(2006). 발달장애 및 영유아를 위한 기초생활 훈련 프로그램. 서울: 특수교육. p. 86에서 발췌 수정.

◎ 일상생활에서의 지도과정

교육기관에서는 역할놀이 영역에 여러 가지 신발(예: 운동화, 구두, 고무신, 장화)을 준비해 두어 영아가 신발을 신고 벗을 수 있도록 한다.

신발 가게 놀이를 하면서 신발을 신고 벗는 연습을 자연스럽게 하게 한다.

외출 시 주양육자의 도움을 받아 영아가 신발을 신을 수 있는 기회를 지속적으로 제공한다.

◎ 고려사항

영아가 신발을 신을 때 시간이 오래 걸리더라도 주양육자는 인내심을 가지고 기다리며, 영아가 좌절을 느끼지 않도록 적절히 도와준다.

영아에게 끈으로 묶는 신발보다는 찍찍이로 떼었다 붙일 수 있는 신발이나 아무런 장치가 없는 신발을 주도록 한다. 이때 영아가 좋아하는 색이나 캐릭터가 그려진 신발을 이용하면 영아의 관심을 끌 수 있다.

◎ 목표행동 성취기준

영아는 스스로 또는 지시했을 때 신발을 신으려고 시도하며, 주양육자의 도움 없이도 신발을 끝까지 신는 행동을 10회 시도 중 최소 8회 이상 할 수 있다. 이때 신발의 좌우를 바꾸어 신어도 목표행동을 성취한 것으로 본다.

4. 목표행동

도움을 받아 이를 닦는다.

◎ 목표행동 성취의 중요성

구강청결을 유지하는 것은 개인의 위생을 위해 필요한 기본생활습관일 뿐만 아니라 사회생활을 하는데 있어서도 중요한 부분이다.

◎ 자료

칫솔, 치약, 세면대, 거울, 이 닦기 노래(예: '싹싹 닦아라'), 그림책 자료(『악어도 깜짝, 치과의사도 깜짝』/고미 타로 지음/비룡소)

◎ 목표행동 성취를 위한 단계적 지도과정

step 1 주양육자는 영아가 주양육자나 또래 영아가 이 닦는 모습을 보게 한다.

step 2 주양육자는 영아에게 치약을 묻힌 칫솔을 주고 이를 닦아 보라고 한다.

step 3 영아가 스스로 닦지 못하면 주양육자는 영아 뒤에서 또는 영아와 마주 보고 영아의 손을 함께 잡고 이를 닦을 수 있도록 이끌어 준다.

step 4 주양육자는 영아가 칫솔질을 할 때 적절한 언어적 지시(예: "위아래로")를 하거나, 의성어(예: "치카치카" "쓱싹쓱싹")를 내 주며, 물로 입을 헹굴 때에도 "오글오글" 같은 소리를 내 준다.

step 5 영아가 주도하여 칫솔질을 하려고 하면 주양육자는 도움을 점차 줄여 나가고 영아가 이를 깨끗이 닦았는지 확인한 다음 마무리 칫솔질을 도와준다.

◎ 일상생활에서의 지도과정

식사 시간 후에는 반드시 이를 닦도록 하여 자연스러운 일과가 되도록 한다.

이를 닦을 때 영아에게 왜 이를 닦아야 하는지 설명해 준다. 예를 들어, "이를 닦으면 이에 사는 세균이 떨어지게 된단다." 하고 말해 준다.

교육기관에서는 언어 영역에 양치질에 관한 책을 비치해 놓고 주양육자와 영아가 함께 보는 기회를 가지며, 치과에 갔었던 경험을 이야기해 본다. 양치질에 관련된 노래를 함께 부르면서 양치질을 하는 것도 도움이 된다. 예를 들어, 영아가 이를 닦을 때 "치카치카치카치카 치~ 치카치카치카치카 치~ 윗니도 쓱싹 아랫니도 쓰윽싹 구석구석 쓱싹 깨끗이" 하고 노래를 부르면서 노랫말에 있는 가사처럼 닦아 보도록 알려 준다. 또한 이 닦기의 과정을 쉽게 이해할 수 있도록 세면대 앞에 반 친구가 직접 양치질을 하는 사진을 붙여 두면 도움이 된다.

◎ 고려사항

영아가 좋아하는 여러 가지 맛(예: 딸기맛, 포도맛, 멜론맛)이 나고 삼켜도 안전한 영아용 치약을 사용한다. 칫솔과 컵의 경우 영아가 좋아하는 캐릭터가 그려진 것을 구비하면 양치질을 싫어하는 영아도 즐겁게 자신들이 좋아하는 캐릭터를 보면서 양치질을 할 수 있다.

거울 앞에서 이를 닦도록 하면 영아가 자신의 모습을 보며 흥미를 가지고 이를 닦는 데 도움이 된다.

청각장애 영아의 경우는 이 닦기가 하기 싫은 일이 아닌 즐거운 활동이라는 경험을 갖고 스스로 참여할 수 있도록 다양한 의성어와 언어적인 표현으로 계속하여 격려해 준다. 예를 들어 "○○야, 입속의 벌레 잡아야지? 치카푸카, 치카푸카 칫솔이 왔다 갔다, 예쁜 이가 뽀드득, 뽀드득 반짝 반짝하네!" 하고 말해 준다.

◎ 목표행동 성취기준

이를 닦을 때 영아가 주도하여 칫솔질을 하는 행동을 10회 시도 중 최소 8회 이상 보인다. 이때 주양육자가 영아의 팔을 잡아 주거나 이 닦기의 단계를 말로 지시해 주었더라도 목표행동을 성취한 것으로 본다.

5. 목표행동

용변 욕구를 완전히 인식하고 미리 준비한다.

◎ 목표행동 성취의 중요성

영아는 배변 욕구를 인식하고 표현하는 단계를 거쳐 주양육자의 도움 없이 자신의 욕구를 해결하기에 이르게 된다.

◎ 자료

영아용 변기, 아기 인형, 그림책 자료(『똥이 풍덩』/알로나 프랑켈 지음/비룡소, 『누가 내 머리에 똥 쌌어』/베르너 홀츠바르트 지음/사계절)

◎ 목표행동 성취를 위한 단계적 지도과정

step 1 주양육자는 영아를 규칙적(2~3시간 간격)으로 화장실에 데려가는 빈도를 점차 줄여 나가는 대신, 영아가 용변 욕구가 있는 것으로 보일 때 영아에게 "쉬(응가)할래?" 하고 물어본다.

step 2 주양육자는 영아가 소변이나 대변 욕구가 있는지 잘 살펴본다. 예를 들어, 영아가 "쉬" 또는 "응가"와 같은 말을 하거나, 소변이나 대변이 마려운 얼굴 표정을 짓거나, 몸을 안절부절못할 경우 "쉬(응가)할래?" 하고 물어본다.

step 3 주양육자는 영아가 "쉬(응가)" 하고 대답하도록 하거나 화장실 가리키기, 주양육자를 화장실로 데려가기 등의 행동을 하도록 유도한다.

step 4 화장실에서 소변이나 대변을 본 다음에는 "쉬(응가) 안녕!" 하고 인사를 하며 영아가 직접 물을 내리게 한다. 물 내리는 것을 어려워하면 주양육자는 영아의 손을 잡고 함께 물을 내리는 연습을 한다.

step 5 주양육자는 영아가 용변 욕구를 표현하면 말로 칭찬해 주며, 실수를 하더라도 혼내지 않는다.

step 6 위의 과정이 익숙해지면 주양육자는 영아가 화장실에 가고 싶으면 미리 말을 하도록 약속을 정해 본다.

◎ 일상생활에서의 지도과정

영아가 잠자기 전, 외출 또는 바깥놀이 전, 잠에서 깬 후 화장실에 가고 싶은지 물어본다.

주양육자는 영아와 함께 배변 훈련에 관련된 책을 읽는다(예: 똥이 풍덩, 누가 내 머리에 똥쌌어).

교육기관에서는 등원 시 교사가 주양육자에게 영아가 아침에 용변을 보았는지 확인하고 그 정보에 토대해 일과 중 영아가 소변이나 대변 욕구가 있는지 잘 살펴보면서 영아 스스로 용변 욕구를 말이나 행동으로 표현하도록 지도한다. 또한 역할 영역에 영아용 변기를 비치해 놓고, 영아는 엄마로, 인형은 아기로 역할을 정하여 "응가 하고 싶어?" "엄마, 응가(쉬)." 등으로 역할놀이를 하며 영아가 욕구를 표현하도록 한다. 배변 훈련을 할 때 또래의 다른 영아가 화장실을 이용하는 것을 보는 것도 도움이 된다.

◦ 고려사항

영아가 변기에 앉았을 때 발이 바닥에 닿을 정도로 영아의 몸에 맞는 크기와 높이의 변기를 사용하여야 영아가 편안하게 느낄 수 있다. 영아의 높이에 맞는 변기가 없다면, 성인용 변기 아래 바닥에 높이가 있는 단을 두어 영아의 발이 닿을 수 있도록 한다.

만약 영아가 교육기관에 다니고 있다면, 배변 훈련은 가정과 기관에서 동시에 진행되어야 한다. 또한 기관에 여벌 옷을 준비하여 영아가 실수하였을 때 곧바로 갈아입히고, 누구나 실수할 수 있다는 것을 영아가 알게 하여 위축되지 않도록 주의한다.

뇌성마비 영아 경우는 눈짓이나 몸짓, 소리 등으로 의사 표현을 하도록 하며, 자세를 잡아 주는 보조지지대나 벨트로 몸을 묶어 안정된 자세에서 용변을 보도록 한다.

시각장애 영아의 경우는 익숙한 환경이라면 스스로 화장실을 찾아갈 수도 있으나 간혹 낯선 환경에서는 배변욕구를 표현하지 않거나 화장실에 가는 것을 거부할 수 있으니 주의한다.

◦ 목표행동 성취기준

영아는 용변 욕구를 완전히 인식하여 주양육자에게 말하거나 몸짓으로 표현하는 행동을 10회 시도 중 최소 8회 이상 보인다.

6. 목표행동

혼자서 휴지를 사용하여 코를 잡거나 누르면서 코를 푼다.

◎ 목표행동 성취의 중요성

스스로 코를 닦는 것은 개인위생과 관련된 중요한 기술이므로, 주양육자는 이러한 기술을 지도함으로써 영아가 청결한 생활을 하도록 도울 수 있다.

◎ 자료

휴지 또는 손수건, 물티슈

◎ 목표행동 성취를 위한 단계적 지도과정

step 1 주양육자는 영아가 콧물을 흘릴 때, "○○야, 콧물 나오네, 휴지로 콧물 닦아 봐."라고 말하거나, 손에 휴지를 쥐어 주거나, 휴지가 있는 쪽을 가리킨다.

step 2 주양육자는 영아가 양 손바닥에 휴지를 펴고, 두 손으로 코 언저리에 휴지를 대어 코를 풀고, 닦은 후 휴지통에 넣는 과정을 지도한다.

step 3 처음에 영아가 혼자서 코를 닦으려고 하지 않으면 주양육자는 휴지를 영아의 코에 대고 "흥!" 하면서 코를 풀라고 말한다.

step 4 위의 과정을 반복하여 연습한 후 영아가 스스로 휴지를 잡게 되면 주양육자는 도움을 점차 줄여 나간다.

◎ 일상생활에서의 지도과정

인형을 이용하여 영아가 휴지로 감기에 걸린 인형 코를 잡고 코 푸는 시늉을 하는 놀이를 할 수 있다.

교육기관에서는 영아가 쉽게 찾고 이용할 수 있는 곳에 휴지를 비치해 놓는다.

"○○야, 콧물이 나왔네. 휴지 가져 와서 콧물 혼자서 닦아 볼래?" 하고 교사가 제안을 한 다음, 영아가 직접 휴지를 가져와서 거울을 보고 코를 닦을 수 있도록 한 후 닦은 휴지는 휴지통에 갖다 버리도록 한다. 휴지통에 휴지를 버릴 때 '슛 골인' 놀이를 하면서 영아가 즐겁게 활동을 할 수 있도록 한다. 또한 벽에 걸린 휴지걸이 밑에 휴지를 몇 칸씩 떼어 쓰는지 알려 주는 표시를 해 두는 것도 좋다. 예를 들어, 휴지 두 칸을 코팅한 뒤 휴지걸이 뒤쪽에 붙여 두면, 영아가 휴지를 떼어 쓸 때 뒤에 붙어 있는 휴지 크기를 보고 조절하여 두루마리 휴지에서 휴지를 떼어 낼 수 있다.

◦ 고려사항

뻣뻣한 휴지로 코를 계속 닦다 보면 영아의 코가 헐 수도 있으므로 부드러운 휴지 또는 물티슈로 대체한다.

뇌성마비 영아의 경우는 손으로 휴지를 잡아 코로 가져가는 행동을 하기가 어려우므로 주양육자가 휴지를 같이 잡고 코로 가져가서 닦는 연습을 같이 반복한다.

시각장애 영아의 경우는 코를 닦은 후 잘 닦였는지 손으로 만져 보게 한다. 휴지가 있는 곳과 쓰레기통이 있는 장소는 주양육자가 안내해 주거나 소리로 알려

주어 스스로 하도록 유도한다.

◎ 목표행동 성취기준

콧물이 흐를 때 스스로 또는 주양육자가 지시하거나 휴지를 줘어 주면, 영아가 코를 잡거나 누르면서 코를 푸는 행동을 10회 시도 중 최소 8회 이상 보인다. 이때 깨끗이 닦이지 않더라도 휴지를 코에 대고 닦으려고 했다면 목표행동을 성취한 것으로 본다.

저자 소개

서소정

이화여자대학교 가정관리학과 학사(B.A.)

미국 미시간 주립대학교 학사(영유아보육행정 B.S.)

미국 미시간 주립대학교 대학원 석사(아동발달 M.A.)

미국 미시간 주립대학교 대학원 박사(영유아보육 Ph.D.)

현 경희대학교 아동가족학과 부교수 및 교육대학원 유아교육전공 주임교수

장혜성

이화여자대학교 특수교육학과 학사(B.A.)

이화여자대학교 대학원 특수교육학 석사(M.A.)

미국 펜실베이니아 주립대학교 대학원 특수교육학 석사(M.S.)

이화여자대학교 대학원 특수교육학 박사(Ph.D.)

현 가톨릭대학교 특수교육과 부교수

하지영

이화여자대학교 소비자인간발달학과 학사(B.A.)

이화여자대학교 대학원 아동학 석사(M.A.)

경희대학교 대학원 박사과정 수료(아동학전공)

전 이화여자대학교 인간생활환경연구소 전임연구원 및 구립 청담어린이집 교사

현 경희대학교 아동가족학과 강사

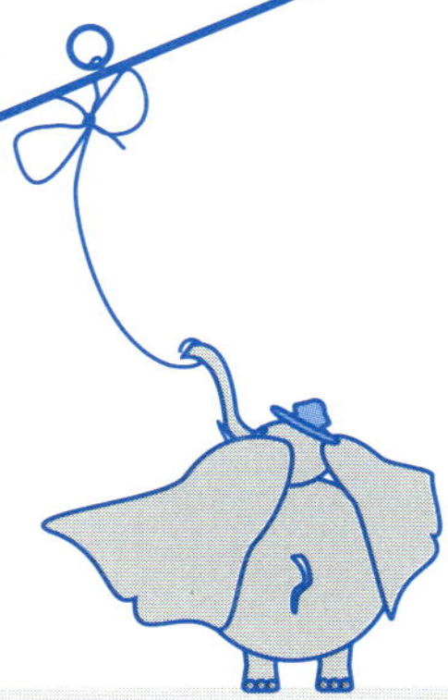

0~36개월

DEP 조기중재 교육과정 ⑦ 기본생활

2010년 6월 25일 1판 1쇄 인쇄
2010년 6월 30일 1판 1쇄 발행

지은이 • 서소정 · 장혜성 · 하지영
펴낸이 • 김진환
펴낸곳 • (주) 학지사
121-837 서울시 마포구 서교동 352-29 마인드월드빌딩 5층
대표전화 • 02-330-5114 팩스 • 02-324-2345
등록번호 • 제313-2006-000265호

홈페이지 • http://www.hakjisa.co.kr
커뮤니티 • http://cafe.naver.com/hakjisa

ISBN 978-89-6330-429-8 94370
978-89-6330-422-9 94370 (set)

정가 13,000원